国家社科基金后期资助项目
（编号：13FJK006）

国家社科基金
GUOJIA SHEKE JIJIN HOUQI ZIZHU XIANGMU
后期资助项目

意义建构视域下的
学生课程参与研究

A Research on Students' Participation in Curriculum
from the Perspective of Meaning Construction

吴支奎　著

教育科学出版社
·北 京·

国家社科基金后期资助项目
出版说明

后期资助项目是国家社科基金设立的一类重要项目，旨在鼓励广大社科研究者潜心治学，支持基础研究多出优秀成果。它是经过严格评审，从接近完成的科研成果中遴选立项的。为扩大后期资助项目的影响，更好地推动学术发展，促进成果转化，全国哲学社会科学工作办公室按照"统一设计、统一标识、统一版式、形成系列"的总体要求，组织出版国家社科基金后期资助项目成果。

全国哲学社会科学工作办公室

目　　录

导　　论

第一节　研究背景与选题缘由

学校教育是一种专门培养人的社会活动，与学生有着天然的联系。课程是学校教育的核心要素之一，事关人才培养的规格和质量，因此，课程与学生有着必然的联系。这种必然的联系既是一种事实性存在，又是一种意义性存在。事实性存在是指，课程与学生是学校教育两种事实性构成要素，少了任何一方，学校教育活动都很难维系；意义性存在是指，学生与课程之间除了在事实意义上有所关联外，两者还具有意义关系，即课程存在的目的是给学生的精神成长和意义世界提供"养分"，而"养分"的吸收和转化必须经由学生主体性的充分发挥。只有学生积极参与课程，与课程互动、交融才能达到这层效果。可见，学生参与是促成课程与学生之间由事实性存在关系向意义性存在关系转换的关键。随着社会的发展和教育改革向纵深处推进，学生参与逐步成为时代进步和教育发展的主题词之一，这在客观上构成了这一论题的研究背景。

一、研究背景

（一）社会发展和时代进步呼唤主体参与

当时光的列车驶入 21 世纪，崭新的时代景象展现于眼前：科技成果日新月异，经济飞速发展，文化多元共存，等等。"当今时代，真正成为第一生产力的科技将呈现加速发展的态势，现实生活将实现全方位的科技化；知识经济对经济主体的素质要求越来越高，社会竞争将更加激烈；国际交往的日益频繁将形成文化的多元价值取向；信息网络星罗棋布，社会信息化将全面实现。"① 社会的急剧变革更加凸显了作为社会主体的人的存在，高清海指出，"同历史上任何一次伟大的变革必然要突出人的问题一样，人的问题一直伴随着我们改革的进程。……人和人的主体性问题再次成为当今时代精神的精华——真正的哲学主题"②。对人的重视继而催生"以人为本"原则的确立，激发人的主体意识，弘扬、培植人的主体性成为一种诉求。因此，对于处在急剧变化中的社会来说，彰显人的主体性，提升人的整体素质就显得尤为迫切和重要，作为主体性重要标志和培养主体性途径的参与便相应地被提到了新的议事日程上。联合国教科文组织国际教育发展委员会在一份权威性报告中指出："大量地参与社会活动，以尽自己最大的责任，这不仅保证了集体的效用，而且也是谋求个人幸福，掌握日常管理社会与控制事物的权力，走向自己决定自己命运之道的先决条件。"③ 该报告还指出："如果任何改革不能引起学习者积极地亲自参加活动，那末，这种教育充其量只能取得微小的成功。"④ 人以主体的身份参与社会活动，积极发挥主体性，最终会促进社会的发展和时代的进步。

（二）学生参与是实施素质教育的内在要求

受社会转型、经济转轨及文化变迁等因素的影响，教育领域正在发生着革命性的变化，即由应试教育向素质教育转变。素质教育以培养学生的创新精神和实践能力为重点，面向全体学生，追求学生的全面发展和生动活泼的个性化发展。素质教育何以促进学生全面发展，培养出既具有创新精神，又具有较强实践能力的人呢？笔者认为，开展主体教育是实现这一目标的重要的途径之一。因为无论是培养学生的创新精神还是提高其实践能力，都离不开学生的参与。没有学生的参与，就谈不上学生真正的发展，素质教育也就会成为一句空话。目前，学术界对能否将主体教育视为素质教育的下位概念尚存在争议，但可以确认的一点共识是：不发挥人的主体性，素质教育就将流于形式。学生参与是实施主体教育的重要形式之一，因此，学生参与是实施素质教育的内在要求。学生参与有利于其创新精神和实践能力的发展。此外，学生参与也是教育从外延式发展转向内涵式发展的关键。

---

① 王升：《主体参与型教学探索》，北京，教育科学出版社，2003，前言第 2 页。
② 高清海：《十年来哲学发展的简单回顾》，《光明日报》1988 年 12 月 12 日第 4 版。
③ 联合国教科文组织国际教育发展委员会：《学会生存——教育世界的今天和明天》，华东师范大学比较教育研究所译，北京，教育科学出版社，1996，第 190 页。
④ 同③，第 265 页。

（三）学生参与是基础教育课程改革的要求

纵观课程发展的历史，许多轰轰烈烈的课程改革半途而废，许多以失败告终。国内有研究者指出，"许多重大的甚至影响深远的课程改革计划不是昙花一现，中途夭折，就是其实施结果与原先的理想相去甚远。反思个中原因，主要是课程改革的倡导者往往过多地沉醉于描绘改革的理想和蓝图"①，对课程改革计划的实施过程极少关注。例如，就"人"的因素来说，作为课程改革计划实施过程的参与者，教师与学生是否适应课程改革？他们的观念、教与学的方式是否发生了相应的变化？诸如此类的问题却很少有人关注。实际情况是，作为课程改革的最大"受益者"的学生常常沦为课程改革中的边缘者。众所周知，课程改革的成效最终是体现在学生身上，学生是否参与其中并得到了更好的发展是检验课程改革成功与否的标准。因此，从这个角度就不难得出长期忽视学生的课程改革常常失败的原因是什么了。

"过去，学生一般被迫接受学校传授给他们的东西，在教学语言、内容或安排方面都是如此。今天，公众越来越认为在有关教学组织安排的决定方面，他们有权发表意见。"② 我国新一轮基础教育课程改革也吸取了以往的经验和教训，学生的学习方式和教师的教学行为等诸多方面都发生了变化，体现了"以学生发展为本"的理念。《基础教育课程改革纲要（试行）》规定基础教育课程改革的其中一个目标为："改变课程实施过于强调接受学习、死记硬背、机械训练的现状，倡导学生主动参与、乐于探究、勤于动手，培养学生……交流与合作的能力。"该文件提出在教学过程中，教师"应与学生积极互动、共同发展，……创设能引导学生主动参与的教育环境，激发学生的学习积极性，……使每个学生都能得到充分的发展。"此外，该文件还规定："为保障和促进课程适应不同地区、学校、学生的要求，实行国家、地方和学校三级课程管理。"这客观上也赋予了学生参与课程实施的权利和机会。

二、选题缘由

（一）受古德莱德课程层次思想的启发

美国著名课程论学者古德莱德（J. I. Goodlad）提出了五类课程形态，

① 彭惠芳：《试析课程实施中的异变现象》，《上海教育科研》2002年第6期。
② 联合国教科文组织：《教育——财富蕴藏其中》，联合国教科文组织总部中文科译，北京，教育科学出版社，1996，第136页。

即理想课程、正式课程、领悟课程、运作课程和体验课程。[①] 不同课程形态的主体有所不同：理想课程的主体主要是研究者；正式课程的主体主要是教育官员和专家学者；领悟课程和运作课程都属于师构课程，其主体主要是教师；体验课程属于生构课程，其主体是学生。依据古德莱德的理解，课程发展就是这五类课程形态由上至下转换的过程，课程实施即对应的五类课程文本转换的过程。古德莱德把体验课程作为一种课程形态单独提出来，说明他看到了学生在整个课程发展体系中的重要作用。事实上，前四类课程形态最终都要落脚于体验课程，因为它是课程运作的最终归宿。没有学生在课堂上对正式课程和师构课程的意义建构，就没有课程的发展和学生的进步，课程对学生的影响也就会成为一句空话。那么，学生在课堂中到底是如何进行课程参与的？课堂情境中学生课程参与的本质是什么？其理论基础是什么？其方式、条件和内在机制是什么？学生在建构课程的过程中存在哪些突出的问题？如何解决这些问题？带着对这些问题的思考，笔者选择对"意义建构视域下的学生课程参与"这一论题加以探讨，尝试寻找上述问题的答案。

（二）对改变学生"缺席"的境遇的呼吁

在学校场域中，似乎没有人怀疑教师所做的一切都是为了学生更好地成长，因为这是学校教育的根本使命。而通过哪些合适的内容来培养学生，这是学校课程应该考虑的问题。学校课程始终是与学生的发展交织在一起的，然而长期以来，学生这个"受益者"经常处于"缺席"状态，学生在课程中的主体身份被严重忽视，其声音经常被屏蔽。换句话说，学生对课程变革的感受和意见没有得到真正的重视，很少有人真正去了解和倾听他们的心声。加拿大学者富兰（M. Fullan）指出："当成人考虑到学生时，他们通常把学生当作变革的潜在受益者，而很少把学生视为变革过程与学校

[①] 理想课程（ideological curriculum）是指由一些研究机构、学术团体等提出的课程。这种课程常以建议、规划或计划的形式呈现，其是否具有影响力取决于其是否被官方采纳。正式课程（formal curriculum）是指教育行政部门所规定的课程计划、课程标准和其所审定的教材，即许多人所理解的学校课程表中的课程。领悟课程（perceived curriculum）是指教师所领会的课程。每位教师对正式课程的领会会有一定的差异，这会对正式的课程作用的发挥产生影响。运作课程（operational curriculum）是指教师在课堂上实际实施的课程。由于在课堂上学生对课程的反应错综复杂，教师需要不断做出调整，故教师实际实施的课程与其所领悟到的课程可能会有一定的差异。体验课程（experiential curriculum）是指学生实际体验到的课程。每个学生从同一门课程中所获得的体验或学习经验往往是不同的，因而他们对课程的理解也可能有所区别。参见：Goodlad, J. I., et al., 1979: "*Curriculum Inquiry: The Study of Curriculum Practice*", New York, McGraw-Hill Book Company, 60~64.

组织的参与者。"① 学生的这种"缺席"的境遇还体现在课程决策上。受教育管理体制的影响，我国课程管理长期实行自上而下的管理体制，课程管理权力往往集中于教育行政部门，学生和其他利益主体很难有权力和机会真正参与课程决策。这样的课程管理背景表现出典型的防学习者特点，学生基本处于无声的状态，被拒于课程开发之外。

　　学生在课程发展和变革中"缺席"的境况必须得到改善，承认并尊重学生作为课程主体的身份，让学生真正参与课程发展在当前显得尤为重要和迫切。而基于对学生的实际参与能力及课程发展的现实情况等综合因素的考量，现阶段所说的学生课程参与主要指学生在课程实施过程中的参与，具体而言，指课堂中学生基于已有的知识和经验对既定课程的意义建构。尽管课程实施必然会与学生发生联系，但这并不意味着学生自然而然就是课程实施的参与者。很多情况下，学生在课堂中只是充当课程实施的被卷入者，他们被动地接受经过教师加工后的课程，没有充分发挥自己的主体性。这也使得有关课程实施中学生参与问题（尤其是课堂层面学生对课程的意义建构问题）的研究相对而言比较缺乏，少量的研究多散见于各学科的教学研究之中，且囿于经验总结的层次，缺乏系统的研究，理论水平也不高。因此，笔者决定对课堂中学生对课程的意义建构这一主题进行系统研究。

（三）参与式课程实践的呼唤

　　20 世纪 70 年代以来，西方教育研究发生了重大的范式转换，即由原本探究普遍的教育规律转向寻求情境化的教育意义。受其影响，以泰勒原理为代表的传统课程开发范式受到强烈冲击并逐渐式微，以理解为核心的课程理解范式问世，众多词语开始被频繁提及，如反思、体验、文本建构等。此外，原本受到推崇的客观主义知识观②逐渐被消解，建构主义知识观、后现代知识观慢慢受到关注，不少学者认识到知识是由主体建构和生成的，进而正视学生在课程发展和变革中的地位和作用，呼吁重视学生的课程主体身份。

　　课程理论范式的转换促进了课程实践形式的改变，课程实践逐渐转向

---

　　① Fullan, M., 2001: "*The New Meaning of Educational Change*", New York, Teachers College Press, 3rd ed., 151.
　　② 客观主义知识观将课程知识视为外在于学习者的不容置疑的客观真理，学生只是接受课程知识的"容器"。从这种知识观出发而形成的试图屏蔽学生的理解和参与，主张将课程材料客观地呈现给学生的防学习者课程观严重阻碍了学生的发展，也制约了课程的发展。

参与式课程实践。参与式课程实践以理解和参与为精神内核，其语境下的课程是充满各种意义的文本，是师生通过参与来理解、建构课程，从而生成的有丰富的教育意义的文本；它强调学生的参与，鼓励学生基于已有的知识、经验对既定课程进行理解、建构，实现课程意义的创生，促成学生与课程之间的意义关联。"如果学生不能把生活阅历转化成知识，并且把早已获得的知识用作发现新知识的过程，他们就根本不可能积极地参与到作为学习和认知过程的对话之中来。"① 参与式课程实践呼唤学生积极参与课程，也呼唤相关研究。

第二节　文献述评

从目前掌握的资料来看，有关学生课程参与的专题研究较为缺乏。鉴于此，本部分拟对儿童与课程关系的研究、课堂中学生参与问题研究、课程与教学的生成性研究以及学生参与课程实施研究等相关方面加以述评。

一、儿童与课程关系的研究

从大的问题域来说，学生课程参与研究可归到儿童与课程关系研究的范畴，因此，有必要梳理和归纳儿童与课程关系的研究。

（一）由"儿童中心"转向对"儿童与课程的内在一致性"的探讨

张华在其专著《经验课程论》中对卢梭（J-J. Rousseau）和杜威（J. Dewey）有关儿童与课程关系的研究做了比较系统和深入的探讨。法国著名教育家卢梭的自然主义教育思想中蕴含了儿童与课程关系的内容。尽管卢梭本人在其论著中几乎没有提及课程一词，但其在为爱弥儿所设想的教育内容中确实涉及了儿童与课程的关系，提倡"儿童中心课程"。在论述儿童与自然的关系时，卢梭及后来的裴斯泰洛齐（J. H. Pestalozzi）、福禄贝尔（F. W. A. Fröbel）等人将儿童的天性归为生长（即人性中内在的"善"不断展开的过程）、自由（即儿童生来爱自由）、兴趣及活动。教育要促进儿童天性的发展，教育的内容（主要是课程）要围绕保护和发展儿童的这些天性来设置。卢梭在论述儿童发展应遵循自然规律时，更是详细地阐述了"儿童中心课程"思想。卢梭把人从出生到长大成人划分为五个

① 〔巴西〕保罗·弗莱雷：《被压迫者教育学》（30 周年纪念版），顾建新、赵友华、何曙荣译，上海，华东师范大学出版社，2001，纪念版引言第 9 页。

阶段，并根据每个阶段人的身心发展的特点及规律提出教育的原则、内容（课程）和方法。第一阶段为 0—2 岁。这一阶段是儿童身体快速发育时期，教育的重点是体育，课程主要是围绕儿童的身体养护方面设置，使儿童能自然发展。第二阶段为 3—12 岁。这一阶段的儿童在智力方面还处于睡眠时期，缺乏思维能力，因此，感官训练是教育的重点，课程的重点主要是丰富多彩的自由活动。第三阶段为 13—15 岁。这一阶段的少年借助于感官，已经具备一定的经验，其体力超过了他的欲望的需要。因此，在该阶段，智育是重点，教师可通过传授各类与生活相关的有用的知识，发展少年的智力。第四阶段为 16—20 岁。这一阶段青少年的理智趋于成熟，开始进入社会，所以该阶段的教育重点是道德教育和宗教教育。第五阶段的受教育者是青年男女，在这一阶段，由于其自然发展的需要，这一时期的教育重点是爱情教育。

杜威对儿童与课程的关系做过专门的论述。1902 年，杜威出版了《儿童与课程》一书，首次对儿童与课程的关系问题进行了专门、深入的探讨。杜威首先剖析了两种看待儿童与课程的关系的观点：学科中心观和儿童中心观。杜威认为，长期以来，儿童经验与教学科目之间存在一种简单的二元对立的境况，两者之间存在一道鸿沟。传统教育固守学科中心观，关注课程与教材对传统文化知识的继承，认为课程与教材比儿童经验重要，因此把重心放在课程与教材的逻辑上。而新教育倡导儿童中心观，主张儿童是教育的起点和中心，一切教学科目的价值都是根据其服务于儿童生长的需要状况来衡量的，相对于儿童来说，教学科目只是处于从属的地位，儿童的个性比教材重要。杜威对儿童与课程（教学科目）之间的割裂进行了尖锐的批评，指出学科中心观过于强调让儿童一味地服从各类教学科目，因此破坏了儿童完整而统一的经验。更为糟糕的是，随着知识的剧增，教学科目本身的逻辑随时会有受到破坏的危险，诸如教学内容的压缩或删减等。而儿童中心观则一味强调要满足儿童自发的兴趣和能力，忽略了儿童对系统学科知识的学习，排斥对儿童心智的训练，同样阻碍了儿童的发展。

在剖析和批判教育中儿童与课程二元对立的基础上，杜威提出并运用连续性经验原则阐释了儿童与课程的内在一致性问题。杜威认为，儿童与课程对立的根源在于两者所遵循的逻辑不同，课程中的文化知识遵循学科发展的逻辑，而儿童的经验和兴趣则遵循儿童心理发展的逻辑。杜威首先以认识的连续性原则消解了看待儿童与课程关系时惯常运用的二元论，继而论述两者的内在一致性问题。杜威指出，儿童的心理的经验与学科所包含的逻辑的经验其实是一个过程的起点和终点，如同两点构成一条直线一样，儿童与课程的统一即心理的经验与逻辑的经验的统一。"心理的经验有发展到逻辑的经验的可能性，因为心理的经验总是包含着逻辑的经验的某些因素，而逻辑的经验总是由心理的经验发展而来的。逻辑的经验并不是最后的东西，其意义和价值不在它自身，而在它的立场、观点和方法。……逻辑的经验不过是引进抽象、概括、分类等概念，以使过去的经验更好地服务于经验的未来发展（生长）而已。"① 在杜威看来，对经验加以系统化的结果并不是与生长过程相对立，逻辑的经验并不是注定反对心理的经验。杜威指出，从广义上说，逻辑的立场，它本身便是心理的②，为此，教材必须心理学化，即"把各门学科的教材或知识各部分恢复到……它所被抽象出来的原来的经验"③。教材一旦被心理学化后就可以与儿童的经验发生关联，演变成儿童的教材，从而实现儿童的心理的经验与课程的逻辑的经验的统一。

泰勒（R. W. Tyler）和布鲁纳（J. S. Bruner）等人都对儿童与课程的关系进行过论述。如泰勒在《课程与教学的基本原理》中论及的第一个问题是"确定教育目标"，强调对学生本身进行研究。此外，泰勒指出："课程的基本原理应该强调在课程设计中对学生的兴趣、活动、问题和所关心的事情给予认真关注。凡有可能和合适的机会，应该让学生参与课程的设计和评价。"④ 布鲁纳从学科结构出发倡导新的课程形态——学术中心课程，也论及儿童与课程的关系问题。但两人都强调儿童要服从他们个人所提出的课程模式，实质上儿童仍然游离于课程之外。

基于杜威等教育名家的研究，美国学者古德莱德集中阐释了学生与课程的关系，强调课程只有通过学生的体验才能真正实现从理想到现实的转换。我国学者郭元祥等人提出了学生课程⑤这一概念，他们提出，学生是课程的出发点和归宿，学生与课程具有内在一致性。

（二）对儿童作为课程主体的探讨

儿童与课程之间的关系的发展在经历了从课程中无"人"到"以儿童为中心"之后，逐步走向对儿童作为课程主体的身份的彰显，教师在课程

---

① 张华：《经验课程论》，上海，上海教育出版社，2001，2版，第94页。
② 〔美〕约翰·杜威：《学校与社会·明日之学校》，赵祥麟、任钟印、吴志宏译，北京，人民教育出版社，2005，2版，第122页。
③ 同②。
④ Tyler, R. W., 1976："Two New Emphases in Curriculum Development", *Educational Leadership*, 1.
⑤ 伍远岳、郭元祥：《论学生课程及其实现条件》，《教育科学研究》2011年第10期。

实施中越来越重视儿童的参与。

施瓦布（J. J. Schwab）在结构主义课程改革失败后痛定思痛，提出了实践课程理论。他认为实践课程由教材、环境、教师和学生四个要素构成，肯定教师和学生作为课程权力主体的地位，揭出"教师即课程""学生即课程"这两个经典命题。其中，后者强调学生是课程的创造者和主体，他们有权力根据自己的特点和情况对所学课程进行反思和评价，而不是一味地接受。20世纪70年代中期以后，概念重建运动兴起，以派纳（W. F. Pinar）为代表的存在现象学领域的研究者认为，课程是学生的生活经验，是学生生活世界所独有的东西。① 学生作为课程主体的身份得到进一步彰显。诚如有学者所说："'概念重建主义课程范式'以'解放兴趣'作为其基本价值取向，这意味着教师与学生能够自主地从事课程创造，能够在不断自我反思和彼此交往的过程中达到自由与解放。一句话，教师与学生真正成为课程的主体。"② 作为新教育社会学代表人物之一的阿普尔（M. W. Apple）提出了批判课程理论，他认为教师和学生具有创造课程的能力，具有课程批判意识。③ 我国有研究者大胆提出了"儿童是课程的主体"的命题，主张儿童是课程的真正主体和创造者。其含义包括两个方面：一方面，儿童的现实生活和可能生活是课程的依据；另一方面，要发挥儿童在课程实施中的能动性，让儿童创造课程。④

有研究者从协商课程的角度分析了学生与课程的关系，认为学生作为课程主体，应参与课程发展，充分发挥自己的自主性、能动性和创造性。孙来成指出：协商课程不仅给予教师开发课程的权力，而且给予学生创造课程的权力，学生成了课程的主人，他们创造、建构课程，也赋予课程活力、动感和色彩。课程的活力，源于学生的参与；课程的动感，源于学生的建设；课程的色彩，源于学生多样化的个性和思维方式。⑤ 有研究者认为，随着课程变革的深入推进，学生与课程的关系将呈现新的变化趋势，即"由'失语'走向'参与'"，并就学生作为积极反应者的课程参与和

---

① 相关论述参见：张华、石伟平、马庆发：《课程流派研究》，济南，山东教育出版社，2000，第275~281页。
② 张华：《课程与教学论》，上海，上海教育出版社，2000，第29页。
③ 郭元祥：《课程观的转向》，《课程·教材·教法》2001年第6期。
④ 同③。
⑤ 孙来成：《协商课程：实现师生角色里程碑式的转变》，《内蒙古师范大学学报（教育科学版）》2004年第2期。

作为共同研究者的课程参与做了深入阐述①。有学者从哲学解释学的视角审视儿童与课程的关系，得出两者之间的关系应是一种全新的、彰显人的价值的关系，具体表现为：学生持有的前理解使课程的生成充满无限可能性；学生成为课程主体，能凸显课程的意义与价值；理解和建构课程是主体间视域融合的过程；学生即课程。② 还有研究者从课程的人文愿景角度构建儿童与课程的理想关系，极力倡导让学生成为真实的人，让其拥有在课程知识（内容）的领悟、知识生成方式的选择、课程评价手段的自我调控等方面的主体（主人）身份，以恢复学生在知识建构中的合法身份。③ 理想的状态是："课程成为师生共同创生意义的资源和材料。教师与学生摆脱被知识奴役的处境，面对课程知识获得了某种尊严和言说的权力。"④

时至今日，学生作为课程主体的理念得到进一步确认，学生作为课程主体的实践活动，如参与课程政策制定、参与校本课程开发、参与课程实施和评价等正在学校层面展开。

二、课堂中学生参与问题的研究

学生的课程参与主要发生在课堂中，因此对课堂中学生参与问题的探讨也就成了本论题的相关研究内容。不同视角下学生参与问题的探究给予本研究很多启发。

（一）哲学视角下课堂中学生参与问题的研究

从哲学角度研究参与问题，主要是探讨人作为主体及其主体性彰显的问题，涉及"人""主体""主体性""实践活动"等关键词。马克思主义哲学认为，从人的发展角度来说，个体存在和发展的基本方式是社会实践活动，社会实践活动造就了人。没有对实践活动的积极参与，人就不可能成为真正意义上的人。在确立人在社会实践活动中的主体身份的基础上，马克思（K. Marx）又强调了人的主体性的发挥以及外界对人的主动性、自觉性和创造性的激发。马克思认为，作为社会实践活动的主体，人是通过协调智力和体力，主动地、创造性地开展活动来建构起自己与世界的总体性关系的。事实上，马克思主义哲学的活动观是和人的主观能动性紧密地

①　郑素娟、蔡元元：《由"失语"走向"参与"：重建学生与课程的关系》，《当代教育科学》2011 年第 23 期。

②　陈丽华：《哲学解释学视角下学生与课程的关系》，《教育理论与实践》2012 年第 13 期。

③　余小茅：《论我国的课程愿景》，《教育发展研究》2006 年第 23 期。

④　钟启泉、崔允漷：《新课程的理念与创新——师范生读本》，北京，高等教育出版社，2004，第 12 页。

联系在一起的，其中蕴含着一定的主体参与思想。

教育哲学是从哲学的角度来研究教育问题，教育哲学中的主体通常更多的指处在发展中的学生，主体性则指学生的主体性。从马克思关于主客体关系的学说①的视角看，对于接受教育的学生而言，这种主客体关系就表现为两个方面：一是学生通过自身的实践活动认识自然世界和社会，获得直接经验；二是学生通过学习书本知识，获得间接经验。这两个方面有机地统一于学生与客体的关系中。学生作为主体，不管是直接经验的获取还是间接经验的习得，都少不了其主观能动性的发挥。学习的过程不是被动地接受和记诵知识的过程，而是主动地认识和探索世界的过程，这个过程同时也是彰显学生主体性的过程。学生的主体性是其作为教育活动中的主体的本质属性。主体性由独立性、主动性和创造性构成：独立性表现为主体在活动中对行为的把握；主动性表现为主体在活动中个性与能力的主动展现；创造性表现为主体在活动中追求新颖性、独特性和价值。所有这些都是主体在活动中生成的。对于学生而言，其主体性就是其在教育实践活动中生成的，但前提是学生参与到活动中。离开学生的参与就谈不上学生主体性的形成和发展。

（二）心理学视角下课堂中学生参与问题的研究

20 世纪 90 年代以来，外国关于学生参与问题的研究多采用心理学研究方法，将量化研究和质性研究相结合以揭示影响学生主动参与的各种因素。这方面研究主要集中在如下几个方面：小学高年级学段不同成绩水平的学生参与行为的差异性分析②；某类课程中影响学生参与的主动性及其能力迁移的实验研究③；对 5 年级和 7 年级女生参与和不参与体育活动的原因和对策的分析④；通过课堂笔记来促进学生课堂参与的主动性和积极性的探索⑤；等等。国内从心理学视角研究学生的参与问题起步较晚，且主要采用量化研究方法并辅以一些质性研究手段。对于这方面，曾琦在其

---

① 马克思认为，人是主体，世界是客体，人与世界的关系就是主客体的关系。

② Mulryan，C. M.，1995："Fifth and Sixth Graders, Involvement and Participation in Cooperative Small Groups in Mathematics"，*The Elementary School Journal*，4.

③ Wade，R. C.，1995："Encouraging Student Initiative in a Fourth-Grade Classroom"，*The Elementary School Journal*，4.

④ Kientzler，A. L.，1999："Fifth- and Seventh-Grade Girls' Decisions about Participation in Physical Activity"，*The Elementary School Journal*，5.

⑤ Hanrahan，M.，1999："Rethinking Science Literacy：Enhancing Communication and Participation in School Science through Affirmational Dialogue Journal Writing"，*Journal of Research in Science Teaching*，6.

博士学位论文中做过系统的研究，其研究结论有：学生的课堂参与主要有三种类型——主动参与、被动参与和消极参与；总体而言，小学课堂上学生的积极参与多于消极参与，但被动参与多于主动参与；整个小学阶段，学生的主动参与水平没有随着年级的升高而提升；学生的课堂参与受性别、干群身份、母亲受教育水平的影响，其参与水平对其学习成绩、自我概念、归因以及其对课堂心理气氛的知觉都会造成一定的影响。① 恽广岚在其硕士学位论文中也做了相应的调查研究，研究结论基本与上述结论吻合。②

（三）社会学视角下课堂中学生参与问题的研究

从社会学角度来看，课堂本身就是一个特殊的小社会，课堂教学可视为"具有一定文化特性的一群特殊社会角色按照一定模式展开其社会行为的过程"③。学生是课堂中一群重要的社会角色，其在课堂中主要的社会行为就是参与。传统课堂教学将重心放在学生对知识的掌握上，"忽视反思与纠正课堂教学中的社会学偏差（尤以教师对学生的课堂参与机会分配不公为甚）"④，课堂教学社会学对此进行过分析，并从师生交往的角度研究过学生参与问题。

一些学者认为，"教学是一种社会现象，是一种社会实践活动，也是由人们之间的互动构成的，参与教与学的人必然具有一种社会性的交互作用"⑤。师生的交往是这种社会性交互作用的集中体现。在师生交往中，由于学生间的差异较大，教师在与学生交往时，往往很难做到公平，因而导致了学生参与机会的不公平。程晓樵等人通过对教师课堂言语交往对象进行观察，发现学生在班级中的地位和成绩显著地影响着教师对课堂言语交往对象的选择，表现为：教师比较愿意与学生中的干部和人际关系中地位高、成绩好的学生交往。⑥ 刘云杉等人发现，学生的课堂言语行为集中表现为回答教师的问题，其占课堂言语行为总数的 93.8%，而提问、发表异

---

① 曾琦：《小学生课堂参与特点、类型、发展及其相关因素的研究》，北京师范大学学位论文，1999。

② 恽广岚：《小学生课堂参与及其影响因素的研究》，南京师范大学学位论文，2006。

③ 吴康宁：《课堂教学社会学》，南京，南京师范大学出版社，1999，第 10 页。

④ 吴康宁、程晓樵、吴永军、刘云杉：《课堂教学的社会学研究》，《教育研究》1997 年第 2 期。

⑤ 吕涛：《教学过程中师生人际关系与学生的个性发展》，《教育科学》1990 年第 4 期。

⑥ 程晓樵、吴康宁、吴永军、刘云杉：《学生课堂交往行为的主体差异研究》，《南京师大学报（社会科学版）》1995 年第 3 期。

议及其他课堂言语行为分别占 1.7%、2.7%、1.8%。① 由此可见，在过去，在师生的课堂言语交往中，学生的主动参与程度是偏低的。

（四）教学论视角下课堂中学生参与问题的研究

一些教学论研究指出："学生是学习活动的主体，是教学过程的能动的参与者。……学生的学是不能被教师的教所取代的活动"②；主体参与是教学活动产生的基础，没有主体参与就没有教学活动的产生，主体参与决定着教学活动的始发、教学活动的过程、教学活动的有效性③。教学过程是师生共同探究和成长的过程，学生在教学中不是被动地接受外界的影响，而是在与教师、同学的交往中积极主动地选择、建构知识，形成自己的知识体系。因此，现代课堂教学的重要特点之一便是学生参与。纵观20世纪以来国内外教育发展历程，注重学生参与是教育改革的一大趋势，也是现代教学的基本特质。对已有的关于课堂教学中的学生参与研究的考查可从横向和纵向两个层面展开。在横向上，已有的研究涉及课堂教学的内容、组织、方法及策略等诸多方面；在纵向上，已有的研究大致可分为三个阶段：教育现代化初期（20世纪初至20世纪50年代）的主体参与研究；教育现代化的批判与重建时期（1945年至20世纪70年代）的主体参与研究；教育信息化时代（20世纪90年代以来）的主体参与研究。④ 在研究内容上，国内学者20世纪90年代开展的研究主要立足于社会转型和经济转轨的时代背景，深入探讨人的主体性发展问题，具体到教育领域，就是探讨学生的主体性发展及其与学生参与的内在关系问题。这一时期研究学生参与问题的代表性研究有北京师范大学裴娣娜教授和华中师范大学杨小微教授在南北同时开展的"主体性教育实验"，叶澜教授主持开展的"新基础教育"实验等。此外，王升的博士学位论文《发展性教学主动参与研究》从教学论视角对课堂教学中学生的主动参与进行了系统的研究。

三、课程与教学的生成性研究

课堂情境中的学生课程参与主要是指学生对课程的理解和建构，创生

---

① 刘云杉、吴康宁、程晓樵、吴永军：《学生课堂言语交往的社会学研究》，《南京师大学报（社会科学版）》1995年第4期。

② 田慧生、李如密：《教学论》，石家庄，河北教育出版社，1996，第110页。

③ 关文信：《新课程理念与初中课堂教学行动策略》，北京，中国人事出版社，2006，2版，第44页。

④ 胡定荣：《回顾与反思：二十世纪课堂教学中学生主体参与的研究》，《教育理论与实践》2002年第5期。

课程意义的过程。课程与教学的生成性研究就是探讨这方面的内容，因此，梳理课程与教学的生成性研究文献就构成了本部分的内容。

（一）关于课程生成性的研究

有关课程生成性研究较具代表性的研究成果有琼斯（E. Jones）和尼莫（J. Nimmo）合著的《生成课程》，该书创造性地、生动地记录了美国西部一所儿童日托中心一年中实施课程的过程，全面阐述了学前教育生成课程的理念、生成课程的来源。费希尔（B. Fisher）和科戴罗（P. Corderio）的《生成课程：建构一种共享的课程》则对小学阶段的生成课程做了专题研究①，夏永庚系统地梳理了课程生成思想的发展脉络，分析了课程生成的理论基础，在此基础上探究了实现课程生成的策略。②

郝德永从认识论的角度阐释了课程的生成性。他援用后现代主义知识观，认为根本就不存在能够指导人生的绝对真理和普遍性知识；课程是一种文化生成与创造的过程，而不是所谓的客观的文化知识的载体；等等。③

王义全阐述了课程的生成性特征，认为课堂中的课程生成性表现为如下三个方面。首先，课程的生成性表现在课程本身生成的意义上，"生成性"是个体在反思的基础上对"预设性"的一种继承与超越。其次，课程的生成性是就课程与文化的关系而言的。他认为课程不但传承文化，而且在传承的过程中反思、建构、创造和发展文化。最后，课程的生成性是就师生对不同层次课程的理解和建构，生成课程意义的过程而言的。④ 唐小华在分析生成是课程未来发展趋势的基础上，重点探讨了生成课程对于主体的价值，即帮助其超越预设、创造意义、体验情感和社会性的和谐发展。她通过实证研究透析当时课堂中知识的生成状况，向教师提出具体的教学建议。⑤

此外，一些研究成果关注的是课堂中动态的、生成性的课程资源，如殷晓静的《课堂教学中的动态生成性课程资源研究》、汪启思的《论生成性课程资源的开发与利用》、曾玉叶的《论动态生成性课程资源的有效开发》等等。

课程的生成与课程的建构有着内在的一致性。学生是课程建构的主体，

---

① Fisher, B., Cordeiro, P., 1994："Generating Curriculum: Building a Shared Curriculum", *Primary Voices K-6*, 3.

② 夏永庚：《论课程的生成性》，华东师范大学学位论文，2006。

③ 郝德永：《课程认识论的冲突与澄清》，《全球教育展望》2005 年第 1 期。

④ 王义全：《生成性课堂研究》，天津师范大学学位论文，2008。

⑤ 唐小华：《课程之于主体的生成价值》，华中师范大学学位论文，2006。

学生以主体的身份介入课程发展，理解和建构课程，推动课程意义的创生，彰显课程的建构性。有研究者从过程的角度阐释了课程建构的思想，强调学生对课程的理解、体验和建构。有研究者认为，"课程作为过程，意味着进程、运动和变化，意味着课程不是事先预设好的一套要实施的计划，不是作为客观的学习内容摆在学习者面前、由学生去'内化'的外在的东西，不是静态的等学生去掌握的书面文字，而是一个展开过程，是学生获得体验的历程。课程是学生在教育情境中不断生成的活生生的体验，是学生的不断创造、释义，在这种创造与释义的过程中，内容不断异变，意义不断生成，个性不断发展"①。还有研究者对大学课程的建构性做了专题探讨，其在界定大学课程建构性概念的基础上，系统梳理了课程建构的思想脉络，解析了大学课程建构的学理依据，并进一步探讨了大学课程建构的路径与策略。② 上述研究丰富了课程生成性的研究内容，拓宽了研究的视野。

（二）关于生成性教学与学习的研究

1. 生成性教学研究

课堂中的意义建构与生成性教学相关。学生对课程的意义建构发生在课堂教学过程中，是与学生的学习同时进行的，而生成性教学中有意义建构的成分。

叶澜教授在多年"新基础教育"实验的基础上提出了"多向互动、动态生成"的观点，体现了对每个学生和教师的生命价值和意义的关注。其中，多向互动既包括教师与全体、部分或个别学生之间的不同性质的互动，也包括学生个体间、个体与小组或全班、小组与小组间多边式和不同性质的互动。③ 叶澜进一步阐释了"多向互动、动态生成"的教学过程的内在逻辑，即开发学生的"原始资源"，实现课堂教学过程中的资源生成；在教师初步汇集资源的基础上，生成与教学内容相关的新问题，即"生长元"；通过网络式的生生、师生多向互动，形成对"生长元"多种解读的"方案性资源"；教师汇集不同的"方案性资源"，组织学生一起进行讨论、比较、评价、修正，形成更为丰富、综合、完善的新认识，并引出新的开

---

① 石鸥、侯静敏：《在过程中体验——从新课程改革关注情感体验价值谈起》，《课程·教材·教法》2002年第8期。

② 欧阳文：《大学课程的建构性研究》，华中科技大学学位论文，2006。

③ 叶澜：《重建课堂教学过程观——"新基础教育"课堂教学改革的理论与实践探究之二》，《教育研究》2002年第10期。

放性问题。①

许多研究者对生成性教学做了专题性探讨②，研究的主要内容集中于生成性教学的理论基础、实施途径、条件与策略等几个层面。对生成性教学，已有的研究达成如下几点共识：教学是意义建构与生成的过程；生成性教学是一个多维度的概念；生成性教学的基本要素应该包括在教学理念上关注生命成长，在教学目标上保持弹性，在教学过程中强调师生交往、多向互动，在教学资源上主张多种资源的整合共生，在教学评价上强调协商对话。关于生成性教学的理论基础，已有的研究主要借鉴哲学、心理学、教育学等几个领域的理论，例如生成性思维、建构主义理论、人本主义理论、后现代知识观等。关于生成性教学实施的途径和条件，有研究者认为包括以下几点：教学方案要保持弹性；以学定教，及时调整；注重多元评价，实现评价的艺术性、客观性、适时性；提升教师的教育智慧；等等。③关于生成性教学的实施策略，有研究者主张采用主动性策略、情境激发策略、互动策略、延伸拓展策略和权变策略等④。

近些年来，随着基础教育课程改革的深入推进，生成性教学的呼声越来越高，有关生成性教学的研究开始聚焦具体学科，如语文、地理、历史、等学科，研究更加具体和深入，实践指导意义更大。

2. 生成性学习研究

关于生成性学习研究，最具代表性的研究成果当属美国著名教育心理学家维特罗克（M. C. Wittrock）的生成性学习模式。他整合信息加工学习理论和建构主义学习理论，提出了生成性学习模式，旗帜鲜明地主张学习是学习者主动建构信息意义的过程，即学习者基于自身原有的认知结构对获取的信息进行加工和建构的过程。维特罗克认为，生成性学习模式的本质不是大脑被动地学习和记录信息，而是主动地对信息加以解释，并进行

---

① 叶澜：《重建课堂教学过程观——"新基础教育"课堂教学改革的理论与实践探究之二》，《教育研究》2002 年第 10 期。

② 吴少玲：《生成性课堂教学研究》，浙江师范大学学位论文，2007；程良宏：《生成性教学：从教学方法到教学哲学——生成性教学观的探寻》，华东师范大学学位论文，2008；马秀春：《生成性教学研究》，东北师范大学学位论文，2006；刘玉昕：《生成性教学的实施策略研究》，东北师范大学学位论文，2006；万秀珍：《生成性教学的现实困境和实施策略研究》，河南大学学位论文，2009；郑艺红：《论生成性教学》，福建师范大学学位论文，2008；等等。

③ 马秀春：《生成性教学研究》，东北师范大学学位论文，2006。

④ 刘玉昕：《生成性教学的实施策略研究》，东北师范大学学位论文，2006。

推论。① 生成性学习模式主要涉及四个部分，即生成、动机、注意、先前的知识和经验。"生成指形成新知识之间的内在联系和新知识与已有经验之间的联系"；"动机指积极生成这两种联系的意愿，并且把联系的成效归功于自己努力的程度"；"注意指引生成过程的方向，它使生成过程指向有关的课文、相关的知识和经验"；"先前的知识和经验包括已有的概念、反省型认知、抽象知识和具体经验"。② 有研究者指出，维特罗克把信息加工学习理论中的长时记忆、短时记忆、知觉、注意、选择性知觉等这些概念和建构主义理论的意义建构糅合在一起，形成生成性学习模式；认为维特罗克把记忆的过程看作意义建构的过程，若个体成功地完成了意义建构，则新的信息就进入其长时记忆系统，与原来的知识结构结合在一起。③ 生成性学习的实现要通过生成性教学来完成，维特罗克认为生成性教学的过程就是引导学习者建构意义和设计行动计划的过程。

国内有关生成性学习的研究主要集中在教师在学科教学中如何引导学生进行生成性学习和学生生成性学习能力的培养等方面。有研究者探讨了生成性学习的内涵，并归纳了生成性学习的一般特征：以多向沟通为基础，以主体建构过程为核心，以生成真知为保障，以创新、发展为价值追求。④ 有研究者将生成性学习理论应用于课堂教学，探讨生成性学习课堂教学策略。⑤ 有研究者结合学科教学实践，阐释了如何在教学过程中促进学生的生成性学习，培养学生的生成性学习能力。⑥

四、学生课程参与内容的研究

有关学生课程参与的研究是课程研究领域的薄弱环节，目前已有的研究主要集中在学生参与课程决策、学生参与课程实施和学生参与校本课程开发等几个方面，下面分别加以综述。

---

① Wittrock, M. C., 1978："Education and the Cognitive Processes of the Brain", In Chall, J. and Minsky, A. (eds), *Education and the Brain：The 77th Yearbook of the National Society for the Study of Education, Part II*, Chicago, University of Chicago Press, 99.

② Wittrock, M. C., 1990："Generative Processes of Comprehension", *Educational Psychologist*, 4.

③ 夏永庚：《论课程的生成性》，华东师范大学学位论文，2006。

④ 宋五好：《主体建构的生成性学习与创新教育研究》，《三门峡职业技术学院学报（综合版）》2006年第1期。

⑤ 高婷：《生成性学习课堂教学策略初探》，《中国校外教育》2013年第17期。

⑥ 张建刚：《初中数学课堂如何促进学生生成性学习》，《考试周刊》2013年第71期；刘窗洲：《浅谈如何促进学生的生成性学习能力》，《中学数学研究（华南师范大学版）》2013年第21期；等等。

（一）学生参与课程决策方面的研究

学生参与课程决策涉及学生的课程参与权问题。1989 年联合国大会通过了《儿童权利公约》，追求最大限度地保护儿童权益。在该公约所规定的儿童的四大基本权利中，参与权是其中一项重要权利。该公约第 12 条明确规定：缔约国应确保有主见的儿童有权对影响其本人的一切事务自由发表意见，对儿童的意见应依据其年龄、成熟度予以恰当回应。

学生参与课程决策的权利还是伴随着课程决策机制的转变而获得的。从课程决策的权力分配上看，课程决策主要在国家、地方和学校三个层面上进行。因政治体制的差异，课程决策机制多种多样，归结起来，主要有三种典型的模式，分别是国家决策模式、地方决策模式和学校决策模式。这三种模式的权力主体有别。20 世纪 80 年代以后，各国的课程决策机制都发生了重大转变，共同的趋势是逐步将课程决策权力给地方和学校，实现课程决策权力的共享。学生参与课程决策也正是在这样的背景下逐步得以实现的。

外国学者鲁达克（J. Rudduck）和弗拉特（J. Flutter）的研究表明，在学生看来，教育工作者并没有真正吸取以往的课程改革的经验教训：一方面，教育工作者经常用适用于自身的概念来说明课程内容是适合学生的，可事实上这往往只是成年人一厢情愿的想法，学生并不这么认为；另一方面，在进行教学内容和教学法改革时，决策机构与学生缺乏沟通，并没有向学生充分解释改革的缘由。[1] 有研究者指出，学生对那些束缚他们行为的改革很感兴趣，不同年龄的学生都呼吁要拥有更大的自主权，他们希望自己都能被公平地当作学校和社区中重要的成员。[2] 为保证学生在课程设置方面享有一定的发言权，外国学者梅甘（R. Meighan）提出了三种极有意义的课程，即咨询性课程、协调性课程、民主性课程。"咨询性课程是指学生在学习给定的课程时可充分表达看法，老师收集反馈信息后根据可行的意见对课程进行完善""协商性课程能实现更大程度的权力分配，所学的课程通过双方协商定出，就像契约一样。这种协商性可以把学生的关注点和领悟性跟整个知识体系更好的[3]衔接起来""民主性课程强调学生自主制定、实施和完善所学课程，一切从零开始"。[4] 从可操作性来说，鲁达

---

① Rudduck, J., Flutter, J., 2000: "Pupil Participation and Pupil Perspective: 'Carving a New Order of Experience'", *Cambridge Journal of Education*, 1.

② 同①。

③ 此处的"的"，应为"地"。——编者注

④ 孙素英：《学校改进视角的考察与思考》，《中国教育学刊》2007 年第 12 期。

克和弗拉特认为在国家统一制定的课程范围内，至少可以实行咨询性课程。新教育社会学代表性人物扬（M. F. D. Young）也对学生的参与权问题有所关注，他在《未来的课程》一书中从课程社会学的视角构想了未来的课程的特点，并阐述了学生课程的思想。

国内有关学生课程参与权问题的研究在 20 世纪 90 年代后期开始起步。1999 年发布的《中共中央国务院关于深化教育改革全面推进素质教育的决定》明确规定："调整和改革课程体系、结构、内容，建立新的基础教育课程体系，试行国家课程、地方课程和学校课程。"2001 年印发的《基础教育课程改革纲要（试行）》则更加明确地规定："为保障和促进课程适应不同地区、学校、学生的要求，实行国家、地方和学校三级课程管理。"三级课程管理制度为学生参与课程决策提供了制度空间，使其在课程决策中发出声音成为可能。目前，国内对学生参与课程决策进行详细探讨的研究成果不多，如薛巧巧在《学生参与课程决策的中外比较研究》中对中外学生参与课程决策做了初步的探讨①；胡东芳在《课程政策研究——对"课程共有"的理论探索》中建构了"课程共有"的课程政策模式，提出了强化学生课程权力意识等方面的观点②；秦朗在《普通高中学生参与课程决策的探究——以重庆市 S 中学为例》中，运用质性研究方法对重庆市 S 中学的高中生参与课程决策的现状进行了调查，提出了一些建议。③ 此外，《学生的课程决策权力：依据、构成及保障》《学生参与课程决策》《学生参与学校课程决策：依据、方式与策略》等论文也对学生参与课程决策的必要性、学生参与课程决策的学理依据、学生参与课程决策的方式及具体的参与策略等相关问题进行了探讨。

（二）学生参与课程实施方面的研究

有关学生课程参与的研究主要集中在学生参与课程实施（狭义的课程实施即教学）这个主题上。我们将从学生参与课程实施的价值、学生参与课程实施的层次及阶段、影响学生参与课程实施的因素等几个方面对一些研究成果加以介绍。

1. 对学生参与课程实施的价值的探讨

人们通常对中小学生参与课程实施持怀疑态度，认为中小学生只是各

---

① 薛巧巧：《学生参与课程决策的中外比较研究》，西南大学学位论文，2006。
② 胡东芳：《课程政策研究——对"课程共有"的理论探索》，华东师范大学学位论文，2001。
③ 秦朗：《普通高中学生参与课程决策的探究——以重庆市 S 中学为例》，重庆师范大学学位论文，2011。

方面素质还有待发展和完善的未成年人，因此担心他们不具有在课程实施中发挥积极作用的能力。事实上，这种担忧是没有必要的。桑克森（T. A. Thorkildsen）等人的研究表明："即使是很小的儿童也对课堂公平、学生评价等学校生活的重要方面有着比较成熟的看法，这些看法极大地影响了学生的学习动机。"① 在戈德曼（G. Goldman）和纽曼（J. B. Newman）设计的"优质学生领导计划"中，研究者和学校工作人员通过给中学生赋权、改革学校组织结构等手段，让中学生自己组织、管理和评定学校的变革活动，从而让中学生在推进学校改善的过程中发挥作用。② 富兰则更严肃地指出："学生，即使是小学生，也是人。如果在教育变革中，他们没能扮演某些对他们来说是有意义的角色，那么大多数的教育变革，或更确切地说，大多数的教育都将失败。"③ 事实上，"学生可以谈论很多关于他们学习经历的事情，而且总体来说，学生的声音是富有建设性和启发性的"④。

鉴于此，有研究者进一步呼吁在课程实施中关注学生，并列举了四点理由：课程变革的成效最终体现在学生的学习结果上；学生具有参与课程实施的能力；学生参与课程实施有利于促进课程变革走向成功；学生参与课程实施具有方法论上的优越性，并且能够丰富人们对课程实施的理解。⑤ 刘启迪则从学生与课程实施之间必然存在联系的角度阐述了学生与课程实施之间的关系，其认为：课程实施的目的在于促进学生的发展；在课程实施的过程中要照顾学生的可接受性；课程实施的全面性要与学生素质的完整性保持一致；学生是一个权责主体，教师要重视课程实施的合法性和公平性。⑥

2. 对学生参与课程实施的层次与阶段的探讨

一些研究表明，学生参与课程实施有不同的层次与阶段。菲尔丁

---

① Thorkildsen, T. A., Nolen, S. B., Fournier, J., 1994: "What is Fair? Children's Critiques of Practices that Influence Motivation", *Journal of Educational Psychology*, 4.

② Goldman, G., Newman, J. B., 1998: "*Empowering Students to Transform Schools*", Thousand Oaks, CA, Corwin Press, Inc., 175~196.

③ Fullan, M., 2001: "*The New Meaning of Educational Change*", New York, Teachers College Press, 3rd ed., 151.

④ Watkins, C., 2005: "*Classrooms as Learning Communities: What's in it for Schools?*", London, Routledge, 155.

⑤ 尹弘飚、李子建：《论学生参与课程实施及其研究》，《课程·教材·教法》2005年第1期。

⑥ 刘启迪：《试论学生与课程实施的关系》，《课程·教材·教法》2002年第2期。

（M. Fielding）将学生参与学校改善工作的水平分为四类，即学生作为数据来源、学生作为积极反应者、学生作为共同研究者以及学生作为研究者。①这与劳里岑（C. Lauritzen）和耶格（M. Jaeger）的观点十分相似。劳里岑和耶格主张：在低年级，学生可以作为课程计划中的信息提供者，教师可运用学生提供的信息创造课程；当学生成熟之后，应转变为师生共同制订课程计划，学生与教师一起创造学习机会；当学生具有自我导向能力时，教师则应把课程开发看作学生的主要责任，让学生成为课程的计划者。②

尹弘飚、李子建借鉴菲尔丁的分析框架，将学生参与课程实施划分为四个层次，并做了进一步的阐述。③他们把"学生作为数据来源"视作学生参与课程实施的第一个层次，也是学生参与课程实施的初级阶段。在这一层次中，学生被看作"影响因子"。学生由以往被"无视"发展为开始受到一定程度的关注。学生参与课程实施的第二个层次是"学生作为积极的反应者"。顾名思义，在这个层次，课程实施开始关注学生的反应，重视并倾听他们的意见。事实上，学生始终是课程实施的当事人，让学生在场、参与是课程实施的应有之义。"学生作为共同研究者"为学生参与课程实施的第三个层次。在这一层次，学生的地位进一步提升，他们不但对课程实施提出意见，积极行动，而且在一定程度上扮演了研究者的角色，与教师一道投入课程实施与变革的行动中。"学生作为研究者"是学生参与课程实施的最高层次，也是一种理想的层次。在这一层次，学生成为课程实施的主体，其参与程度的高低直接影响课程实施的成败。此外，学生参与课程实施必然伴随着学生个体生活经验的介入。有学者专门就学生生活经验参与课程的形态做了研究，提出并论证了学生生活经验参与课程的三种形态，即学生生活经验作为工具参与课程、学生生活经验作为目标参与课程、学生生活经验作为本体参与课程。④

关于学生参与课程实施的阶段这一主题，有研究者将其分为三个阶段：到场、参加以及参与策划和实施（也可以把这三个阶段理解为三个层次）。"场"泛指课程实施活动所在的场所或者空间，到场是指学生在被动地或主动地承认课程实施的基础上参与课程实施的每一个阶段和身处每一场活

①　Fielding, M., 2001："Students as Radical Agents of Change", *Journal of Educational Change*, 2.

②　李宝庆、靳玉乐：《学生参与课程实施》，《第八届两岸三地课程专家论坛论文集》，2006，第 244 页。

③　尹弘飚、李子建：《论学生参与课程实施及其研究》，《课程·教材·教法》2005 年第1 期。

④　温小军：《论学生生活经验参与课程的三种形态》，《中国教育学刊》2014 第 2 期。

动中。① 在这个阶段，学生的主体性并没有得到多大程度的发挥。在第二个阶段，学生自愿加入由教师组织的课程实施活动之中，并与其他参与者对话，完成规定的任务，从而形成新的认识。② 在这一阶段，学生开始尝试以课程主体的身份介入课程实施，其积极性、主动性发挥的程度一定意义上会影响课程实施效果。在这个阶段，教师开始考虑学生的意见。在第三个阶段，学生和其他课程实施主体聚在一起，各自说出自己的需要和想法，通过交流，在目标上达成一致意见，从而为共同的目标一起策划与实施课程。③ 在这一阶段，学生的课程主体身份进一步彰显，其与其他课程主体之间展开协商、对话，共同参与课程实施。

需要说明的是，上述有关学生参与课程实施层次和阶段的划分，主要是理论上的"应然"层面的阐述，而在"实然"层面的课程实施过程中，学生有可能同时扮演着多种角色，很难做严格的区分。

此外，还有研究者从多个视角阐释学生所参与的课程实施。王士友等人认为，从不同视角看，学生参与课程实施表现为：立足于生成的视角，让学生参与课程目标的制定；立足于发展的视角，让学生参与课程内容的改进；立足于反思的视角，让学生参与课程效果的评价。④ 郭宝仙认为，走向学生参与的课程实施策略有：认可学生在课程实施中的主体地位；明确并赋予学生参与课程实施的权利；建立沟通机制，畅通学生参与渠道；合理设计课堂教学活动，使学生拥有参与的愿望和能力。⑤

3. 对影响学生参与课程实施的因素的研究

肯尼迪（E. Kennedy）、麦克马纳斯（S. M. McManus）等人认为，影响学生参与课程实施的主要因素有：学生的学习成绩、学生性别、学生的学习动机。⑥ 此外，学生课程意识也是影响其参与课程实施的重要因素。古德莱德认为："当学生理解他们被期望做些什么，他们的工作得到认可，他们能迅速从自己的错误中学习以及在改善其表现方面得到指导时，学生

---

① 谢淑海：《走向学生参与的课程实施》，西南大学学位论文，2007，第 21 页。

② 同①，第 24 页。

③ 同①，第 26 页。

④ 王士友、杨雷：《多维视野下学生参与课程实施改革的路径解析》，《中学政治教学参考》2013 年第 12 期。

⑤ 郭宝仙：《走向学生参与的课程实施策略》，《教育理论与实践》2011 年第 2 期。

⑥ Kennedy, E., 1992："A Multilevel Study of Elementary Male Black Students and White Students", *The Journal of Educational Research*, 2; McManus, S. M., Gettinger, M., 1996："Teacher and Student Evaluations of Cooperative Learning and Observed Interactive Behaviors", *The Journal of Educational Research*, 1.

的学习成果才能得到巩固。"①因此，增强学生的课程意识，不仅能促进其主动参与课程实施，建构课程，而且可以提高其转换课程文本的成效。李建忠在《学生参与课程实施研究》中分析了学生参与课程实施的条件，他将其总结为师生的课程创生意识、参与性文化的孕育、合作学习、分享课程权利以及主体间的协商，既强调了学生课程意识等内部因素，又有关于参与性文化的孕育、合作学习等外部因素。纪国和等人的研究表明，学生的学习方式、素质等皆是影响学生参与课程实施的重要因素。②

（三）学生参与校本课程开发方面的研究

学生参与校本课程开发是伴随着课程管理制度的深度变革和课程权力的不断下放而产生的一种现象。校本课程开发是基于校本理念的课程开发范式，其实质是以学校为基地进行课程开发的民主的决策过程，校长、教师、学生、家长等多元主体共同参与其中。在这一过程中，不仅学生作为学习者的独特性和差异性受到尊重，而且学生作为校本课程开发的主体的角色也得以彰显和强化。这样，学生由过去的课程开发中的"影响因子"转变为积极的反应者和共同的研究者，与教师共同参与对校本课程的开发。

学生有权利、有能力参与学校层面的课程开发。学生和教师作为课程开发产品的实际用户，"他们的需求状况和'消费能力'及'消费特点'是课程开发中越来越不可忽视的重要影响因素。特别是当课程市场发育成熟并开始走向买方市场时，即学校师生开始拥有足够的选择权力和选择空间时，学生和教师这两个要素在决定课程开发活动走向中的意义就更加突出了"③。正如外国的研究者瓦根（T. Waage）和帕菲特（B. Parfitt）主张的那样，学生在管理学校和决定自己的课程方面应被看作合作者，并应受到欢迎。学生应该被看作主体，而不是客体。学生可以通过其富有洞察力的评论提供例证，证明他们是权利的拥有者，而不只是权利的领受者。④许超等人阐释了学生参与校本课程开发的必然性，并对具体的参与路径进

---

① Goodlad, J. I., 1984: "*A Place Called School: Prospects for the Future*", New York, McGraw-Hill., 111.

② 纪国和、藏振梅、李朝辉：《课程实施中学习方式变革的现状与反思》，《教育科学》2004 年第 4 期；辜伟节：《校长·教师·学生：提高课程实施水平的主体》，《上海教育科研》2005 年第 3 期。

③ 吴刚平：《课程开发中的矛盾运动与钟摆现象探析》，《华东师范大学学报（教育科学版）》2000 年第 2 期。

④ 张万波、安荣：《论影响校本课程开发的人员因素》，《现代中小学教育》2005 年第 8 期。

行了深入分析。① 余潇从共同体构建的角度阐述了校本课程开发中学生这个主体的实际水平及其作为。② 综合已有研究成果可知，学生在获得相应的权利后，能以合作者的身份介入校本课程开发，参与对校本课程的目标、内容等的讨论。学生能在参与中获得发展，同时也能促进校本课程的发展和学校特色的形成。

关于学生参与校本课程开发的内容以及如何参与的问题，有研究者认为在校本课程开发过程中学生应该有知情权、选择权、课程设计权、参与实施权、评价权等。③ 有研究者基于对教育民主化进程及课程决策主体多元化趋势的研判，认为学生是不可或缺的校本课程决策主体。④ 阮叶青认为，学生参与校本课程决策包括参与校本课程设计的决策、参与校本课程实施的决策以及参与校本课程评价的决策。⑤ 就学生如何参与校本课程开发这一主题，已有研究主要集中于学科课程（活动）开发，如有研究者探讨如何在综合实践活动中让学生积极参与校本课程开发⑥，有研究者分析学生在校本课程开发中的角色⑦，有研究者研究如何让学生参与开发校本课程、编写校本教材⑧；等等。

五、已有研究的不足之处

（一）理论研究的不足之处

在国内教育领域中，教学论长期处于"显学"位置，课程论受重视的程度及研究的力度都远远不够。而在课程中，学生长期以来没有受到真正的重视，导致学生课程参与方面的理论研究成果严重不足。首先，缺乏专门系统的研究，仅有的一些研究多是对相关教育理论、人物思想或课程流

---

① 许超、苏景春：《学生作为校本课程开发参与者的必然性与途径分析》，《当代教育论坛（学科教育研究）》2008 年第 3 期。

② 余潇：《论校本课程开发共同体的构建》，广西师范大学学位论文，2013。

③ 裴星华：《校本课程开发中的学生权利浅析》，《聊城大学学报（社会科学版）》2010年第 2 期。

④ 刘雪梅、祝成林：《学生：不可或缺的校本课程决策主体》，《教育探索》2010 年第 1 期。

⑤ 相关分析参见：阮叶青：《学生参与校本课程决策的研究——以上海市 Z 小学为例》，华东师范大学学位论文，2016，第 28~50 页。

⑥ 王杉山：《在综合实践活动中，让学生积极参与校本课程》，《教育与教学研究》2009年第 S1 期。

⑦ 鲁海波：《校本课程开发中的学生角色研究——以上海市 X 中学"经典诵读"校本课程开发为个案》，华东师范大学学位论文，2012。

⑧ 张继扶、潘加亮：《让学生成为校本课程开发的受益者和参与者——兼谈如何让学生参与校本课程开发》，《中学课程辅导（江苏教师）》2012 年第 21 期。

派的分析，研究成果分散、零碎，缺乏整合。导致这一现象的主要原因在于大量研究缺乏逻辑严密、结构严谨的理论体系和分析框架。其次，现有的研究虽然隐约意识到课程发展过程中学生参与的重要性，但尚停留在对理念的倡导或对现象的描述上，多是宏观层面的研究，从课堂微观层面着手探究学生课程参与的本质、分析课堂情境中学生课程参与的内在机制等问题的研究不够。最后，相关的研究，如课程生成性研究、生成性教学（学习）研究等多侧重于从教师的角度探讨问题，彰显了教师的课程主体性，围绕学生作为课程主体的研究相对来说比较少。

（二）实证研究的不足之处

就现有的资料来说，有关学生课程参与的实证性专题研究较匮乏，少量的相关研究涉及学生参与课程决策和参与校本课程开发，但多是粗略的实证研究。研究主题相对明确的实证研究主要聚焦于学生参与各学科的课程实施，即聚焦于学生如何参与各学科（如语文、数学、物理、化学等）教学活动，但大多数实证研究只是停留于零散的、个人经验性的总结，或是通过问卷调查对学生参与教学的现状进行描述，很少去探究学生建构课程、创生课程意义的机制。

（三）研究视角的不足之处

已有研究主要是从教学论的视角对学生参与课堂教学的必要性、意义、参与的途径、策略及影响因素等进行探讨，主要集中于"教"。这种研究隐含的逻辑假设是把课程视为教学内容，而学生的参与行为只会影响教学效果，与"教什么"几乎没有关系。这就导致从课程本身发展的视角对学生课程参与进行研究的成果的缺乏。即使有部分研究是从课程论的角度对这个问题加以探讨，也多是从课程（知识）社会学的视角加以阐释的，视角较为单一。

（四）研究方法的不足之处

已有的相关量化研究主要采用问卷调查法等探讨学生是否积极参与课程实施、学生参与课程实施时的情绪状态、学生参与课程实施的频率等问题。这类量化研究多停留在问题的表层，鲜有更深入的分析。总体来说，这些研究缺少运用质性研究方法对诸如学生参与课程实施的有效性、学生建构课程的内在机制等问题进行探讨。

第三节　研究意义

一、理论意义

学校课程的发展受制于知识、社会和儿童等诸多要素，课程与每个要素之间的关系构成了不同的问题域，如知识与课程的关系、社会与课程的关系、儿童与课程的关系。知识与课程的关系方面的研究主要探讨知识的选择、组织问题，知识的性质、类型与课程的关系问题，等等；社会与课程的关系方面的研究，一般立足于课程的发展是一个政治社会化过程这一观点，通过揭示知识与权力的关系，分析课程与政治、经济和文化的关系；儿童与课程的关系方面的研究，一般探讨学校课程与学生的发展之间的关系，它是课程理论研究中的根本问题，涉及学校课程要培养什么人这一问题，其他问题都可由这一问题派生出来。本研究的定位就是探讨儿童与课程的关系问题。

教育中关于儿童与课程的关系的理论研究多秉承"课程要适应儿童，为儿童发展服务"的课程观，这其中以卢梭和杜威两人的主张为典型。虽然各个研究者阐释的内容有差异，但基本观点极为相似，探讨的问题无外乎是儿童的兴趣与其所参与的活动，也基本都主张课程的编制或设计要遵循儿童身心发展的基本特点和规律等。本研究力图超越这一单向的"学生本位"课程观，主张儿童与课程之间不仅仅是课程要适应儿童发展的问题，儿童更要积极、主动地以主体的身份参与课程的发展，建构课程，推动自身与课程共同发展。本研究基于课程观的转变，分析学生课程参与的理论基础，揭示课堂中学生课程参与的本质和学生参与课程建构的内在机制等。本研究拓展了儿童与课程的关系的研究视域，丰富了古德莱德五个课程层次理论，尤其是对"体验课程"这一层次的课程做了深入的阐述，对进一步明晰学校课程的运行机理，深化学校课程和教学理论的研究具有重要价值。

二、实践意义

古德莱德认为，课程研究应关注三类现象：一是实质性现象，指的是目标、学科内容、材料等，探究它们的实质和价值；二是政治和社会现象，主要是关注课程发展的政治和社会过程；三是技术专业性现象，着重探讨那些使课程得以改良或变革的项目、评价活动等。① 本研究关注第三类现象，在课堂实践层面探讨学生如何参与课程实施。笔者通过非参与式课堂观察的方式考查学生在课堂情境中的参与行为，解析学生如何基于自身的知识、经验完成对"正式课程"和"师构课程"的意义建构，实现自身生命的成长和课程意义的创生。本研究响应了课程研究范式的转换，对从接受式课程实践转向参与式课程实践具有较大的指导价值。

另外，当前我国基础教育课程改革处于攻坚阶段，新课程在课堂中遇到很多问题，而解决问题的思路多集中于教师、课程设计及外在环境的支持等方面，对学生因素考虑不足。尽管我们都认为课程改革的最终目的是更好地促进学生发展，但许多观念始终阻碍着我们对学生的充分关注。本研究尝试转换惯常的研究视角，从学生的角度审视课程改革中存在的问题，探析课程实施中学生的参与行为，为解决课堂教学实践中存在的问题提供新的视角和思路。希望本研究对推动当前基础教育课程改革的深化，切实推进学生培养方式的变革有一定的现实意义。

第四节　研究问题、研究思路与研究方法

一、研究问题

本研究归根结底探讨的是"生构课程"问题，即探讨课堂中学生如何基于已有的知识和经验完成对既定课程的建构，从而实现自身的发展和课程意义的创生。围绕这一问题，本研究拟具体探讨如下问题：课堂中学生课程参与的本质是什么？课堂中学生课程参与的结构是什么？学生课程参与的层次有哪些？学生进行课程意义建构的方式、条件有哪些？学生进行课程意义建构的内在机制是什么？学生的课程参与在课堂中是如何实现的？学生进行课程意义建构的过程是怎样的？有哪些策略？在学生进行课程意义建构的过程中，教师如何发挥自身的作用？学生在进行课程意义建构的过程中面临哪些突出的问题？如何解决这些问题？

---

① 江山野：《简明国际教育百科全书·课程》，北京，教育科学出版社，1991，第61页。

二、研究思路与研究方法

本研究力图对理论和实践两个层面的问题进行研究。本研究首先对学生课程参与的内涵进行界定，分析其基本特征，揭示课堂层面学生课程参与的本质是意义建构；其次，在对传统科学主义课程开发范式衍生的"防学习者"现象进行理性批判的基础上，解析课程观的转变，探寻学生课程参与的理论基础；再次，借鉴古德莱德有关五个课程层次理论的分析框架，分析课堂中学生课程参与的层次及其影响因素；最后，运用多种研究方法，深入探讨学生课程参与的课堂实现问题，探究学生在课堂中对既定课程进行意义建构的方式、条件及其内在机制，阐释学生进行课程意义建构的过程及策略，反思学生课程参与中存在的问题，并展望基于学生参与的课程发展愿景。

研究方法的选取要依据特定的研究内容而定，没有最好的研究方法，只有最合适的研究方法。本研究根据研究内容的需要，主要采用了越来越受到关注的质性研究方法，具体而言，笔者深入中小学课堂教学一线，通过访谈、非参与式课堂观察等方法对课堂情境中学生对课程进行意义建构的过程等进行了研究。

第一章　学生课程参与的内涵、
特征、本质及意义

在确定"学生课程参与"这个论题之后，接下来首先要界定清楚学生课程参与的内涵，这是开展后续研究工作的前提。本章拟对核心概念进行界定，明确学生课程参与的内涵，解析学生课程参与的基本特征，并在此基础上进一步揭示课堂中学生课程参与的本质，探讨学生课程参与的现实意义。

第一节　学生课程参与的内涵与特征

一、学生课程参与的内涵

（一）参与

《现代汉语词典》将"参与"解释为参加（事务的计划、讨论、处理）。① 从词源上考察，参与指个体卷入群体活动中的状态。人们对这种状态的描述一开始侧重于个体在群体活动中的外显行为，后来倾向于个体"心理在场"时的内隐要素，如认知、情感等。总之，"参与意味着介入、投入、卷入、浸入、在……的状态之中，是主体对活动的能动性作用过程，是能力和倾向的统一。……参与是产生社会性（相对于个体性而言）活动的前提。参与是人们发展自己、表现自己的重要途径，是人基本的精神需要之一"②。英文中，代表参与的词一般有 involve 或 participate，前者指"使卷入""使专注"等，表示被动；而 participate 指多人或多方共同参加

---

① 中国社会科学院语言研究所词典编辑室：《现代汉语词典》，北京，商务印书馆，2016，7 版，第 123 页。
② 王升：《主体参与型教学探索》，北京，教育科学出版社，2003，第 15 页。

（某事），有主动之意，其含义相比较而言更接近汉语中参与一词的含义。

不同视角下参与的意蕴各异。发生学视角下的参与是指人类个体出于与大自然的威胁相抗衡的需要，与他人联合起来以形成群体力量。这是出于生存需要。社会学视角下的参与是早期氏族、部落等社会组织形成，以及基本社会关系建立的前提和基础。学习心理学视角下的参与是反映学生在与学业有关的活动中投入生理和心理能量的状态变量。① 本研究从教育学的角度界定参与，认为参与是指教育活动中的行为主体积极、主动地介入教育活动，在与其他成员合作、交流、对话中实现自身自主、自觉的发展。

（二）学生参与

本研究中的学生特指基础教育阶段的学生，所以，接下来所讲的学生参与是指中小学生的参与。

国内有学者指出：学生参与是个体主动的、个体化的课程经验；学生参与是以学生行为参与为载体的心理行为；学生参与涉及认知、情感、行为三个方面。② 关于学生参与的标准，有研究者指出，学生参与的标准主要有两条，即积极参与和有效参与，并进一步对两者的内涵分别做了解释。③ 外国学者阿斯廷（A. W. Astin）的研究更加系统深入，其不仅建构了学生参与的理论体系，还进一步探讨了课堂教学中的学生参与问题，得出了学生参与的五个观点。④

结合上述有关学生参与内涵及标准的分析，本研究从教育学角度来界定和理解学生参与，认为学生参与就是作为主体的中小学生自愿、主动地介入学校教育教学活动及其他事务的过程，其在与其他成员合作、交流、对话的过程中实现自身自主、自觉的发展。进言之，学生参与是指学生在教师的指导下积极参与教育教学活动及其他事务，实现自身发展的过程。在课堂教学中，学生通过参与成为课堂真正的主人，成为教学活动自觉的、积极的参与者，成为知识的主动探索者与发现者，并在每次参与课堂教学的过程中获得发展。

---

① Astin, A. W., 1999："Student Involvement：A Developmental Theory for Higher Education", *Journal of College Student Development*, 5.

② 孔企平：《数学教学过程中的学生参与》，上海，华东师范大学出版社，2003，第15~18页。

③ 关文信、单余岱：《论学生主体参与教学的价值及标准》，《现代中小学教育》2002年第10期。

④ 同①。

（三）学生课程参与

课程参与是指个体在课程领域中的参与行动，既包括在宏观层面上个体参与课程的历史发展，又包括在微观层面上个体参与课程的过程发展。① 本研究无意从宏观层面梳理不同历史时期的学生课程参与的历史，而是聚焦于学生在微观层面参与课程的过程发展。

梳理国内外关于学生课程参与的研究，不同学科对这个概念的理解各异：人类学把学生课程参与理解为学生与课程相互作用，生成课程经验的过程；心理学将学生课程参与诠释为一个内含多层面、多维度要素的行为方式；教学论把学生课程参与界定为一种教学方式。刘宇将学生课程参与界定为学生围绕学校课程与教学活动进行的，个体多重心理要素（动机、认知等）和社会要素（如身份）共同作用下的主动倾向和行为。它在根本上反映了学生与课程之间彼此交融的统一关系。② 鉴于上文对课程参与的微观义项的选取，整合各家观点，本研究将学生课程参与界定为：学生作为课程主体之一，通过介入课程决策（边缘者）、参与课程开发（合作者）、参与课程实施及重构课程（主体）等方式，行使自身课程权力的一种行为。相对于历史发展型课程研究这种宏大叙事而言，本研究对学生课程参与的界定显得要微观得多，但从学生现有的课程意识、权力及其实际的课程能力来看，学生课程参与的范畴还是稍宽泛了一些。在当前情况下，学生参与课程决策尚处于理念倡导阶段，只在理论上具有可能性。就学生参与课程开发来说，他们一般无法直接参与那些与其生活相去甚远的课程开发工作，他们只是以自己全部生活经验和学习活动参与对课程的体验和重构，此时"创造课程和学习课程变为同一过程"③。显然，实际生活中的学生课程参与更多的是存在于学生参与课程实施④和重构课程等层面。因此，我们在此将学生课程参与进一步限定为：学生作为课程主体之一，积极、主动地参与课程实施，基于自身已有的知识和经验，通过理解、对话、

---

① 课程发展其实有两个义项：就宏观而言，它是指课程从古到今的发展；就微观而言，它是指从研究、编制课程到实施、评价课程以及提供反馈、修订完善课程的过程。参见吕达等：《独木桥？阳关道？——未来中小学课程改革面面观》，北京，中信出版社，1991，第251页。

② 刘宇：《意义的探寻——学生课程参与研究》，华东师范大学学位论文，2009，第76页。

③ Schubert, W. H., 1986: "*Curriculum: Perspective, Paradigm, and Possibility*", New York, Macmillan Publishing Company, 294.

④ 在课程发展众多环节中，课程实施是影响课程发展效果的决定性因素。再完美的课程计划、设计得再好的课程最终都要通过课程实施来呈现和检验。在古德莱德的五个层次的课程中，"领悟课程""运作课程""体验课程"都属于课程实施阶段。鉴于此，我们将课程发展的重心放在课程实施上。

体验、反思、批判等方式建构课程，创生课程意义的过程。

二、学生课程参与的特征

根据以上对学生课程参与内涵的解析，我们认为学生课程参与应该具有如下基本特征。

（一）主体性

彰显主体性是学生课程参与的首要特征。主体性是指学生在处理自己与课程的关系时所处的状态、表现出来的特征以及具有的人格特质。没有学生积极主动的参与，课程就失去了存在的意义和价值。将学生纳入课程发展研究，是对课程发展中长期存在的"见物不见人"现象的一种颠覆，是对学生主体性的彰显。一般认为，学生课程参与的主体性主要表现为自主性、能动性和创造性。

第一，自主性。学生在课程发展中的主体性首先表现为学生具有独立的课程主体意识，即自主性。当代课程理论认为，课程本质上是主体的一种反思性实践。"反思性实践是一种创造意义的过程，是师生共同参与的，在特定的社会性环境和文化环境下重建意义结构的过程。离开了师生对课程意义的重建与创造，离开了主体意识的发挥，课程对人的发展价值也便无从体现。"① 因此，既定的课程不是学生必须完全接受的对象，课程实施内在地要求学生在自身主体意识的驱动下，自觉地对课程内容和意义进行批判、反思与重建，成为课程的创造主体。

第二，能动性。能动性是指个体在与外部世界的对象性关系中，能够自觉、积极、主动地认识客体和改造客体，体现在课程发展中就是学生能充分发挥自己的主观能动性，基于自身的知识和经验对课程进行意义建构。在此过程中，学生的能动性又表现为以下两个方面：第一个方面是自觉性，即学生能够以自己已有的知识和经验、认知结构和情意结构去主动地理解作为公共知识的课程，对它们进行吸收、加工、改造或加以排斥，从而实现对自身认知结构、情意结构等的建构与改造。进一步而言，在课程实施中，学生已有的知识、经验、需要、兴趣、爱好等会构成一个框架，他们会以此为参照系去学习新知识，并按照自己特有的方式，有选择地把新知识纳入自己已有的认知结构中。第二个方面是选择性。就学生与课程的关系而言，作为客体的课程并不是自发地进入学生的生命活动领域，而必须

---

① 郭元祥：《教师的课程意识及其生成》，《教育研究》2003 年第 6 期。

通过作为主体的学生能动地作用于课程，与课程发生意义关联来实现。课程进入学生个体生命活动领域的深度取决于学生的能力和需要。在学生课程参与活动中，学生通过理解、体验、对话、批判、反思等形式有选择性地作用于课程，实现学生与课程的视域融合。

第三，创造性。创造性的实质是对现实的一种超越，以探索与求新为特征。它是人之主体性的最高表现和最高层次，是人之主体性的灵魂。学生课程参与的创造性包含两层含义：一是学生对课程文本和教师的超越，二是学生对自身的超越。学生课程参与的创造性特征的详细内涵可见下文对创生性的阐述。

（二）互动性

互动性指学生在课程参与中与其他课程主体的互动，包括学生与教师、学生与学生、学生与课程设计者等平等地对话、交流和沟通。在此过程中，学生作为课程主体之一，既充分表达自己的观点，又倾听他人的意见，双方或多方之间展开交流与沟通，从而不断扩展各自的视野，共同实现对知识的意义的建构与分享。通过互动，多元主体之间不断建构新的意义，达成新的认识，从而使学生在理解和建构课程的过程中不断完善课程，形成新的课程文本，也使学生的前理解发生变化，形成新的体验课程。

（三）创生性

创生性指学生通过理解课程文本，建构课程，促进自身经验的更新和课程意义的生成。学生课程参与的实质就是其对课程意义的建构。这种意义建构包含两层含义：一是学生通过解构、个性化地重构既有课程知识，产生新的、独特的个体知识，即完成由公共知识到个体知识的转化，也即课程知识的内化。这个过程是一个创生的过程。二是学生在建构课程的过程中实现对自身的超越，即学生批判性地吸收、改造原有的课程，并将其转化为自身的精神财富，从而促进自身的成长。从解释学的视角来审视学生对课程的理解和建构，则这一过程是充满创造性的过程。因学生们在生活背景、认知水平、知识与经验储备等诸多方面存在差异，这种创造的过程又呈现出相对、多样和无限①的特征。

---

① 之所以用"相对"，是因为学生对课程文本的任何理解和建构都不可能是完美的；之所以用"多样"，是因为不同学生对同一课程文本的解读不可能完全一样，一定会表现出多样化的理解；之所以用"无限"，是因为随着学生的成长和教育情境的变化，其认知水平会随之变化，学生对课程文本的建构是无限的。

（四）差异性

第一，差异性表现在学生参与程度上。受学生认知、情感、态度等因素的影响，学生理解和建构课程的积极性因人而异，且学生理解和建构课程的实际成效也存在较大差异，这是学生课程参与具有差异性的主要表现。第二，差异性表现在意义建构水平上。学生课程参与与学生已有的知识、经验密切相关，一定意义上说，学生参与课程的水平是建立在学生已有知识和经验的基础上的。受生活阅历、家庭教育和社会经验等因素的影响，学生们已有的知识和经验之间存在很大差异。每个学生都是独特的学习者、参与者，他们从同一活动中所获得的经验不一样。阿斯廷提出，"不同的学生投入活动的能量随时间和目标的不同而变化"[1]，如此一来，基于这些差异之上的学生们对课程的理解和建构水平就必然表现出差异性。

（五）类参与和个人参与的统一性

除了上述四个特征之外，学生课程参与还具有类参与和个人参与的统一性的特征。类参与这个概念源于马克思关于人的本质的观点。马克思指出，人的本质在其现实性上是一切社会关系的总和，而不是单个个体的孤立存在。此观点能有力地支持学生个体身上具有类特性，其在课程中是作为一个类主体存在的说法，因此，我们认为学生课程参与是类参与。所谓"个人参与"是指学生个人主体的参与，学生课程参与一定是某个学生在课程发展中的参与。因此，学生课程参与是类参与和个人参与的统一。

第二节　课堂中学生课程参与的本质

由上述关于学生课程参与内涵的界定可知，课堂中学生课程参与主要存在于学生参与课程实施层面。一定意义上说，探讨课堂中学生课程参与问题就是研究课堂情境中学生参与课程实施问题。而从解释学的视角来看，课程实施的过程是师生与课程设计者、课程内容进行跨越时空的对话，实现视域融合，创生课程意义的过程，概言之，课程实施即主体进行意义建构的过程。因此，课堂中学生课程参与的实质就是学生对课程进行意义建构。

---

① Astin，A. W.，1999："Student Involvement：A Developmental Theory for Higher Education"，*Journal of College Student Development*，5.

一、学生参与课程主要表现为学生参与课程实施

学校是学生学习和生活的主要场所，而课堂又是学生学习的"主阵地"。进言之，学生在学校场域中的学习和交往，直至学生的经验成长等基本都发生在特定的课堂情境中，脱离课堂情境来谈学生的课程参与就会成为空谈。因此，学生课程参与必然发生在课堂情境中，并与学生的学习活动密切相关。进一步说，课堂中与学生学习活动有直接关联的是课程实施，因为狭义的课程实施即教学，其直接指向学生的学习活动。因此，课堂情境中学生课程参与和课程实施之间有内在的一致性，学生在课堂层面的课程参与即参与课程实施。

在整个课程运作系统中，课程实施是其中一个重要的环节，课程计划的落实、课程目标的达成最终都要通过课程实施来完成。而在现实层面，课堂中学生的课程参与主要指向学生参与课程实施。学生参与课程实施作为一种参与式课程实践，是课堂情境中的课程变革。传统的学生课程实践主要是接受式课程实践，在这类实践活动中，作为课程的被动接受者，学生的主体性长期被遮蔽，甚至一度被遗忘。参与式课程实践颠覆了传统的课程作为"蓝本"的隐喻，视课程为"文本"，后一种课程观允许、鼓励教师和学生积极参与其中，课程实施追求教师和学生基于个体的知识、经验对作为法定知识的课程内容进行理解和建构，从而将课程中的公共知识转化为自身知识结构的一部分，实现对课程的建构和对意义的诠释。用英国著名教育社会学者扬的话来说，课程就是一种实践。他指出，课程实践观"一直关注的是师生的课堂实践，关注诸如学校的学科或者学生能力的发展等这样一些教育的现实情况，……知识不再被当作是为了让教师进行分配和传递的东西，不再是从学术'发现者'那里传递下来的私有财产，知识成为师生合作的产物"①。

---

① Young, M. F. D., 1998："*The Curriculum of the Future：From the 'New Sociology of Education' to a Critical Theory of Learning*"，London，Falmer Press，27~28.

二、课程实施即学生进行意义建构的过程

(一) 意义建构的内涵

1. 意义

对意义进行界定是一个非常棘手的问题。在《现代汉语词典》中，意义一词有两个义项：一是"语言文字或其他信号所表示的内容"，二是价值、作用。① 就英语来说，意义一词所对应的单词有 meaning、significance、sense 等。三者都可译作意义，但有一定的区别：meaning 在解释学传统中指作品自身具有的含义和意义，即文本意义，其在建构主义理论中指事物的性质、规律以及事物之间的内在联系；significance 指主体赋予某事物的重要意义或价值；sense 有含义、意义、各种感官层面的感觉等意思，侧重于通过感知获得的意义。本文用 meaning 指代文本意义。

文本意义在解释学的视野中有两层意思：一层是指文本自身所固有的独立意义，即文本所表达的思想、情感等；另一层是指通过理解者的理解，文本与理解者之间实现视域融合，从而生成的新意义。这里的文本意义不是单靠逻辑分析得出来的，而是通过特定的阅读者或解释者的诠释而生成的。文本的动态性、开放性等特质给读者（在本研究中主要指学生）的意义建构提供了广阔的空间，理解文本的过程也因此成为学生不断创生意义的过程。在哲学解释学看来，文本具有未完成性，其给人们提供了无限可能的解释空间。在解释学的语境下，文本原有的一些不足成了长处：模糊性为文本多维意义的生成提供了可能性；局限性让读者具有开放解读文本的空间。美国学者派纳认为，在读者与文本之间存在物质连续体和生活连续体这两个连续体。物质连续体指向一种表面联系，强调的是读者与文本之间所形成的外在联系；生活连续体指向一种内在联系，突出文本、读者对文本的反应以及读者的生活经验与文本之间的关联。后者以前者为基础，个体则在获得完整的个体经验的基础上走向自由与解放。由此可见，文本自身蕴含着意义，且这种意义不是确定的、终极的和客观的。王岳川认为，文本"不存在确定性，……所有的文本都是一种再生产，事实上，文本潜藏着一个永远未呈现的意义，对这个意义的确定总是被延搁，并被新的替代物所补充和重新组构"②。文本的意义是在教师、学生、文本的编撰者等

---

① 中国社会科学院语言研究所词典编辑室：《现代汉语词典》，北京，商务印书馆，2016，7 版，第 1556 页。

② 王岳川：《后现代主义文化研究》，北京，北京大学出版社，1992，第 106 页。

平等的主体之间视野的融合中展现出来的。

2. 建构

在现代汉语中，建构一词指建立（多用于抽象事物）。英文中 construct 一词的含义为协同构造、共同生成和合作组织。

从不同学科视角来审视建构，其有着多重含义。建构一词早在皮亚杰（J. Piaget）的《发生认识论原理》一书中就被提及，在这本书里，皮亚杰是从认识活动的心理过程的角度看待建构的。维果斯基（L. Vygotsky）则从认识活动的社会机理的角度揭示建构的内涵。布鲁纳强调认知结构和发现学习的积极意义，丰富了建构的内涵。后现代主义哲学强调意义建构，并将其提升到方法论的高度。建构主义视角下的建构有相互作用之意，既指向主客体间的相互作用，强调主体基于已有的知识和经验建构新的知识，又指向主体间的互动，强调不同主体之间在互动的基础上建构知识。本研究对建构的理解倾向于采纳建构主义的观点。

3. 意义建构

李召存在《课程知识的意义性研究——生存论的视角》中，从三个视角审视了"课程知识的意义性"，即文本层面的意义性、心理层面的意义性和精神层面的意义性。[①] 本研究拟借鉴这一分析框架对"意义建构"进行分析。

第一，文本层面上的意义建构。

"文本的关键特征是具有意义。"[②] "意义正是存在于文本之中……它是人类共同体创造的一个特征［参见课程］……意义是文本的一种性能，而文本不限于仅只写出来的文件。人类的行动和实践、社会制度、文化产品以及艺术家创造的作品也可以被看做是文本或类似文本，它们是向阅读敞开的。"[③] 因此，作为课程文本的课程标准、教科书、教学参考资料以及学习辅导材料等低质文本也具有意义。此处的意义尚是一种可能的、符号性的意义，只有当这些课程文本进入课程主体的视野中，被教师和学生接纳、吸收时，这些课程文本的意义方能实现从可能到现实的转化，也即基

---

① 李召存：《课程知识的意义性研究——生存论的视角》，华东师范大学学位论文，2007，第 27~30 页。

② Bevir, M., 2002："What Is a Text? A Pragmatic Theory", *International Philosophical Quarterly*, 4.

③ 转引自〔美〕威廉·F. 派纳、威廉·M. 雷诺兹、帕特里克·斯莱特里等：《理解课程——历史与当代课程话语研究导论》（上），张华等译，北京，教育科学出版社，2003，第 49 页。

于文本之上的一种意义生成。

解读文本的过程是主体主动的、自觉的生命过程。在此过程中，主体主动基于个人生活和生命体验走进文本世界并与之交融，构筑起一种体验和感应的空间，完成对文本多维世界（形象世界、情感世界和意义世界等）的意义建构①，并在此基础上生发出新的文本意义。事实上，在这一过程中，个体在建构文本的同时也在建构自我，实现生命的自觉和境界的提升。胡塞尔（E. G. A. Husserl）的意向性理论进一步阐释了文本层面意义建构的原理。意向性理论认为，意向性活动通常涉及意识活动和意识对象，意识对象蕴含于意识活动之中并通过意识活动生成意义，脱离了主体的阅读、理解等意识活动，意识对象（文本）的意义便无从谈起。就教育来说，文本的意义必然生成于受教育者的阅读活动中，通过受教育者的主体建构实现，也正是受教育者的阅读活动实现了文本意义从可能到现实的转换。有研究者把这一过程描述为"受教育者……在阅读过程中，总是对课程文本信息进行个性化的分析、综合、评价、重组，……受教育者的阅读活动因而不是对文本信息的机械复制，而是对文本信息进行自主加工和自主建构"。②

在课程实施过程中，学生对课程的理解和建构就是学生与课程文本之间互融共生的过程。在这一过程中，课程是以文本的形式存在的，教学活动由教育者的解释活动和受教育者的阅读活动等环节组成。随着课程理论范式的转换，原本追求文本意义的确定性的观念开始受到批判，甚至遭到颠覆，很多研究者转而强调和追求文本意义的动态性、开放性和不确定性。在此语境下，文本的编撰者的意图变得模糊，这给学生的理解和建构创设了更大的空间，学生完全可以突破文本的编撰者的既有意图的框限，独立地、自觉地、创造性地诠释文本，建构和生成新的课程意义。在此过程中，学生的创造性也得到了认可和尊重。

第二，心理层面上的意义建构。

心理层面上的意义建构是就个体学习的内在心理机制而言的。李召存将心理层面上的意义解释为个体在学习过程中，"通过积极的建构活动，

①　读者在解读文本的过程中，借助自己的经验和知识，建构着自身对文本的理解。由于读者自身的创造性，文本在读者的解读过程中不断生发出新的意义，因此，读者解读文本的过程是一个包含着读者的体验、读者对文本的建构及读者对文本进行创造、改写的过程。

②　高伟：《课程文本：不断扩展着的"隐喻"》，《全球教育展望》2002 年第 2 期。

使知识在个体心理层面上获得一种可理解性"①。奥苏贝尔（D. P. Ausubel）的有意义学习理论、加涅（R. M. Gagne）的信息加工学习理论以及以皮亚杰的相关思想为代表的建构主义理论等都对意义有过精彩的论述。奥苏贝尔指出，知识是否具有意义，取决于知识是否与个体已有的认知结构中的适当观念建立起了实质性的联系。当这种联系被成功建立起来后，个体就会获得对该知识的理解，从而实现从知识的"文本意义"向知识的"心理意义"的转化，意义建构活动就此完成。而信息加工学习理论则构建了一种专门用来解释信息处理、学习、记忆的模型，从信息的存储、认知过程及元认知三个方面进一步揭示了外部信息进入个体认知结构进而形成心理意义的过程，同时还揭示了知识在个体头脑中形成心理意义后的表征、储存形式等。

对心理层面上的意义建构阐释得最透彻的当属建构主义理论。建构主义理论主张学习是学习者基于已有的知识、经验主动地对外部信息进行加工和处理，从而建构知识意义的过程。这一过程是一个积极主动的过程，且这种积极主动的建构过程是通过同化和顺应这两种心理机制完成的②。同时，学习者的建构还是多元的。由于学习者个人已有的知识和经验的差异性以及学习情境的特殊性，再加上所建构对象的复杂性和多样性等因素，因此会出现"有一千个读者就会有一千个哈姆雷特"的现象。建构主义学习观进一步指出，情境、对话、协作和意义建构是学习的四大要素，而意义建构是整个学习过程的最终目标。意义建构是指学习者通过认知加工，完成对事物的性质、规律及事物间的内在联系的建构，其他三个要素都是为实现意义建构服务的。

第三，精神层面上的意义建构。

就哲学中的主客体关系而言，意义"就是对人有所意谓的客体对主体的精神活动的一种指向，这种指向只有在人的理解中才能显现出来"③。意义指向人的精神世界，通向人的灵魂的自由与解放。一切理解都是自我理解，人通过自我理解来丰富、提升人生的价值。因此，学生在理解课程的

---

① 李召存：《课程知识的意义性研究——生存论的视角》，华东师范大学学位论文，2007，第28~29页。

② 一方面，学习者通过利用先前知识，建构当前事物的意义，使原有知识与经验系统有所发展（此为同化）。另一方面，学习者利用先前知识与经验时，不是从记忆中原封不动地提取它们，而是要根据具体实例的变异性对它们进行重新建构，使原有知识与经验系统发生变化（此为顺应）。

③ 秦光涛：《意义世界》，长春，吉林教育出版社，1998，第69页。

过程中也是在理解自己，在建构课程的过程中也是在体验人生。在这一层面上，人与课程经由理解真正实现视域融合，成为一个统一的整体。

课堂中学生的课程参与，不仅是其在文本层面和心理层面上对课程进行意义建构，创生新的课程意义，还是其在精神层面上建构课程，实现课程对自己的精神关照和意义护持。事实上，课程知识与儿童之间的意义关系包括心理意义和精神意义这两个层面，其中心理意义是二者间意义关系的表层，精神意义是二者间意义关系的核心。学生在理解和建构课程时，让自己已有的知识和经验参与对课程文本的意义建构。一方面，学生通过对课程知识的理解和建构促进自己知识、经验的增长，完成心理意义的建构；另一方面，学生通过对课程知识的理解和建构实现课程知识对自己精神层面的关照和呵护，达成自己生命价值和意义的提升。此外，课堂中学生对课程的意义建构还是精神意义和心理意义层面的双向活动，这是指学生对课程知识的学习是在精神上走出自身获致普遍性，同时又返回自身的双向历程，即学生首先通过学习获得知识、经验和技能，促进自身心智、能力的发展，从而弥补自身的短板；同时，获得发展的学生又能更好地展现自己作为一个独特个体的主体性存在，从旧我发展为新我。

对于上述三个层面的意义建构，本研究主要探讨第一个和第二个层面的意义建构，即学生运用既有的知识、经验，通过同化和顺应等心理机制，对课程文本进行理解、体验、批判和建构，实现与课程文本的视域融合，最终超越原有的课程文本，创生新的课程意义的过程。当然，这并不意味着我们完全否定精神层面的意义建构。事实上，在个体建构活动中，三个层面的意义建构都有发生且时常交织在一起，研究者很难做出严格的区分。就理论来说，前两个层面的意义建构是最后一个层面的意义建构的前提和保障，而课程知识要真正实现对个体的关照也只有进入个体的精神层面才有可能。

（二）课程实施即意义建构的过程

从哲学解释学的视角理解课程实施，则课程实施是一个理解的过程、对话的过程，更是一个意义建构的过程，因为理解和对话是意义建构的方式，最终都是为了实现意义建构。

课程实施是一个理解的过程。张增田、靳玉乐认为："课程实施是师生理解课程的过程，而理解首先是师生和课程设计者的视界融合。……教师和学生的视界是他们在各自基于自己的知识背景、生活阅历、思想观念等所形成的成见的基础上看问题时所达到的具有一定范围的视域。""在课程实施中师生和课程设计者都不停地在调整和修正自己的成见，不断形成新的视界，并因之形成新的融合。"①吉标等人认为课程实施过程是教师与课程设计者、教师与学生之间互相理解的过程。他们认为师生之间理解的达成要通过知识中介系统，师生之间互相理解对方的过程是双方以知识为背景进行探讨、交流、对话的过程。在这个过程中，知识不断进入教师和学生的视野并成为他们理解的对象。②

课程实施是一个对话的过程。伽达默尔（H-G. Gadamer）认为，对象的意义是依赖于理解者的，是在与理解者的对话中出现的。③张增田、靳玉乐认为，课程的意义生成于课程实施过程中师生与课程文本的对话过程。课堂中师生与课程文本进行对话最常见的表现形式是问答，教师通过情境的创设和启发，一步步引导学生深入文本世界，让学生与文本作者展开跨越时空的对话。在对话过程中，教师、学生和课程文本的编撰者三方实现视域融合，从而建构和创生课程的意义。当然，对话绝不仅仅限于这种一问一答式的语言层面的交流，在更深层次上，对话指向主体间精神上的交流和心灵上的碰撞，并在此过程中达成精神上的契合。师生作为平等的主体，在交往中自由地表达不同的观点和思想，在相互碰撞、交流中吸纳彼此的经验和智慧，更是将这些内化为自己的精神力量，不断提升自己的素养。

基于理解和对话，我们清楚地认识到课程实施的过程就是学生进行意义建构的过程。课堂中，学生带着已有知识与经验与课程文本交互作用，通过理解和对话诠释课程文本，完成文本层面和心理层面意义建构的同时，生成新的课程意义，并将其内化为自己的精神财富。至此，课程不仅促进了学生知识和经验的增长，还实现了对其的意义关照。此外，从课程实施的取向来看，在忠实取向、相互适应取向和创生取向所构成的连续体中，创生取向作为一种新取向，发展势头强劲，"创造""生成"是这一取向的两个关键词，恰好契合了课程实施过程中意义建构的要义。该取向认为，真正的课程是教师和学生联合创造的教育经验，课程实施本质上是师生在具体教育情境中创生新的教育经验的过程，既有的课程变革计划只是供师

---

① 张增田、靳玉乐：《论解释学视域中的课程实施》，《比较教育研究》2004 年第 6 期。
② 吉标、吴霞：《课程实施：理解、对话与意义建构——一种建构取向的课程实施观》，《西南师范大学学报（人文社会科学版）》2005 年第 1 期。
③ 张法：《作为后现代思想的解释学》，《中国人民大学学报》2000 年第 5 期。

生在经验创生过程中选择的对象而已。① 从创生取向来看，课程实施追求的是课程意义的生成，而不是停留于对课程方案的忠实执行；追求的是生命的自由、灵动与解放，而不是局限于对文化的盲从。有研究者结合语文新课程的实施来阐释其所反映的创生取向的文化建构观："一是把课程视为'文本'，即'课程文本'""二是把课程作为一种'事件'，即'课程事件'"。②文本的开放性呼吁作为课程实施主体的师生对课程进行理解，建构出多元意义；事件的非预设性期待师生具有课程参与意识与自主自觉的探究、创造意识，置身于情境性活动之中并创建课程意义。至此，课程实施作为一种意义建构活动和动态生成的过程的特性显露无遗。

三、课堂中学生课程参与的本质：进行意义建构

学生课程参与在课堂情境中主要指向学生参与课程实施，而课程实施即意义建构的过程，由此，本研究认为，课堂情境中学生课程参与的本质就是进行意义建构。

课堂中学生课程参与的过程即学生带着自己的前见去解读课程文本的过程，在这个过程中两种不同的视域在课堂中相遇、融合，达成视域融合。事实上，这种视域融合的过程同时也就是学生创生课程意义的过程。当学生基于自己已有的知识、经验等"前见"去理解课程文本时，他绝不只是对课程文本的内容做原封不动的"镜式"反映，其一定会根据具体的环境和自身经验与课程文本相互作用，创生课程意义。在这个过程中，两种视域融合，其结果必然是学生超越了自己原有的视域而形成了一种新视域，于是理解、建构的过程就必然是创造意义的过程。

同时，课堂情境中学生课程参与也是学生自身获得意义的过程。理解是人的一种存在方式，理解的过程就是主体成长和生命（存在）意义彰显的过程。传统的理解观认为，学生对课程文本的理解是学生被动接受课程文本的过程，学生对课程文本的理解停留于对课程文本中的知识和思想的"复制"，学生很难有真正发挥主体作用的空间。哲学解释学在看待学生对课程文本的理解时持实践理性和解放理性的价值取向，谋求让学生和课程文本相互作用以推动课程实施；谋求将学生从机械复制课程文本的局面中

---

① Snyder, J., Bolin, F., Zumwalt, K., 1992："Curriculum Implementation", In Jakson, W. P. (ed.), "*Handbook of Research on Curriculum*", New York, Macmillan Publishing Company, 418~427.

② 曹明海、陈秀春：《语文新课程的文化建构观》，《课程·教材·教法》2005 年第 1 期。

解放出来，寻求自身的创造；强调学生在对课程文本进行理解和建构时，不断表达自己的思想，使自己生命（存在）的意义得到彰显，从而促进自身的成长。

第三节　学生课程参与的意义

随着以人为本这一时代主题的彰显以及教育改革的深入，学生课程参与已从"话题"转变为"问题"并上升为"研究课题"。学生课程参与彰显了学生的课程主体身份，提升了学生在课程发展中的地位；同时，学生课程参与重塑了学生与知识的关系，推动了课程的意义创生；此外，学生课程参与促进了课堂情境中课程与教学的变革。

一、彰显学生的课程主体身份，提高学生在课程发展中的地位

受工具主义课程观的影响，长期以来学生在课程体系之中被视为对象、客体。课程往往凌驾于学生之上，以一种不容置疑的方式呈现在学生面前，学生在课程中的主体性严重缺失，造成课程发展在多个层面（诸如课程目标的拟定、课程内容的选择、课程实施与评价等）存在"见物不见人"的情况。而实践表明，学生若能参与课程，真正成为课程变革的主体，那他们就能更好地参与课程变革，其对课程变革的认同感会增强，从而在课程变革中表现得更加积极主动。随着社会民主化进程的加快和教育改革的深入推进，学生与课程的关系正在被重新认识和定位，吴刚平先生认为学生作为课程开发产品的实际用户中的一类成员，"他们的需求状况和'消费能力'及'消费特点'是课程开发中越来越不可忽视的重要影响要素"[1]。

学生通过参与课程，创造性地理解和建构课程，能促进自身的主体性发展。学生的成长和发展是教育的出发点和归宿，课程经过学生的理解和建构后，在给予学生启发和引导的同时，也在不断更新着学生的经验，提升着学生的生命意义，促进着学生的多维发展。有学者认为：教育不在于让学生获得有用的知识或技能，而在于发展其求知能力；不在于让学生学习，而在于其达成理解；不在于让学生获得信息，而在于提升其智慧。[2]

---

[1]　吴刚平：《课程开发中的矛盾运动与钟摆现象探析》，《华东师范大学学报（教育科学版）》2000 年第 2 期。

[2]　Bleinkin, G. M., Kelly, A. V., 1981："*The Primary Curriculum*", London, Harper and Row, 91.

学生课程参与使学生作为创造的主体的地位得到恢复，他们在课程实践中能动地进行探索和意义建构，充分彰显主体性，不断提升自己在课程发展中的地位。

二、重塑学生与知识的关系，推动课程意义的创生

在传统认识论视野中，学生与知识的关系被定格在认识关系层面，即知识是外在于学生的，是客观、普遍及价值无涉的，学生要想获取客观而纯粹的知识，必须摒弃个人所有主观的经验（包括个人的意见、主张、情感等），忠实地反映外部世界。如此一来，现代认识论视野中的学生与知识的关系就演变为一种"占有"和"被占有"的关系，即知识是作为被学生认识的对象（"他者"）而存在的，学生学习知识的唯一目的就是"占有"既定的知识，以便获得征服自然和改造自然的有效工具。学生与知识之间简单的认识关系的定位，造成学生工具化的存在，同时也导致知识脱离学生的生命。

学生课程参与突破了学生与知识间的认识关系和占有关系，使两者间的关系转向意义关系。学生与知识间的意义关系是指学生通过学习能够体验到知识中蕴含的意义，并把这种意义转化为自身明确的生存意识，在生活中实现自己的生命价值。意义关系关注学生对知识的内在意义的体验、理解，关注知识对学生精神、人格等方面的价值。[1] 事实上，学习绝不仅仅是对知识的"符号式"占有。这种占有尽管彰显了知识的符号价值，却遮蔽了知识的内在精神价值。换句话说，知识若要实现对人进行精神关照和意义护持的价值，就必须与人深度融合，反映在课程实践层面，就是说学生必须让知识进入自己的经验中，并通过理解、体验和建构，让课程生发意义；同时，学生在实现由知识到意义的转换的同时，促进自身的成长，重塑自身与知识的关系。

三、促进课堂情境中课程与教学的变革

国际上课程改革的实践经验表明，再完美的课程设计如果缺乏对课程实施的关注，弱化课堂情境中的课程与教学变革，也未必能保证课程改革的成功。事实上，在教育领域，不管什么样的改革，最终都要落到课堂教学上，课程变革也不例外。课程变革必然会对教学提出新的挑战和要求，如果没有教学的相应变革，课程改革就会变成无根的浮萍，最终走向失败。

---

[1] 阎亚军：《学生与知识的关系及其教学启示》，《天津市教科院学报》2007 年第 1 期。

学生课程参与在推动课程变革的同时也会催生课堂教学的变革。我们在前面的"选题缘由"中已提到，学生课程参与问题是应参与式课程实践需要提出的，随着学生以课程主体身份参与课程活动，理解和建构课程，实现课堂中的意义建构，参与式课程实践将不断得到丰富和拓展，从而进一步促进课堂情境中的课程变革。受课堂情境中的课程变革——由接受式课程实践转向参与式课程实践——的影响，学生的学习由接受式学习转向参与式学习，学习方式发生了转变。学生长期以来作为课程消费者的局面得到扭转，在课堂教学中，学生的主动参与使以往课堂沉闷的局面得到了扭转，课堂充满了生命的活力；教学过程成为师生平等交往、共同发展和意义建构的过程；自主、合作和探究的学习方式彰显了学生作为课堂主体的身份。学生课程参与使学生的学习主体地位得以确立，推动了课堂教学深度变革，推进了学生发展方式的根本性变革。

第二章　课程观的转变与学生课程参与

传统的科学主义课程开发范式①呈现出"防学习者"的特点，学生一度成为课程发展中的边缘人。课程发展中见物不见人的现象使得课程研究领域一度消沉困顿，传统课程研究已式微、课程研究走向穷途末路等"末日的哀叹之声"不绝于耳。这昭示着传统的科学主义课程开发范式已式微，一场变革正在孕育中，课程研究领域即将迎来新局面。学生课程参与也正是在此背景下开始受到人们的关注，此后兴起的实践的课程观、过程的课程观、建构主义课程观、后现代主义课程观等更是为学生课程参与奠定了重要的理论基础。

第一节　学习者"缺席"：科学主义课程开发范式之症结

课程作为一个独立的研究领域诞生于 20 世纪初期，这一时期资本主义工业迅猛发展，科学技术一路高歌，科技理性主导社会各个领域。这也使得现代课程理论自诞生之日起就带有科学主义的"印记"，科学主义课程开发范式独占鳌头。在这种环境下出现了"防教师"课程和"防学习者"课程，学生几乎完全被排斥在课程开发和研究之外，成为课程发展中的旁观者。

---

① 范式一词由库恩（T. Kunn）在《必要的张力——科学的传统和变革论文选》一书中首次提出。范式代表了同一领域的学者们所共同持有的信念、理论等，推广到课程领域，则课程范式是指一个课程共同体内的成员们所共同持有的课程哲学观及相应的课程主张。在课程研究领域，对范式的划分有不同的观点。舒伯特（W. Schubert）认为，课程研究领域存在主导的课程范式、实践的课程范式和批判的课程范式；派纳则认为有两种范式，即课程开发范式和课程理解范式。科学主义课程开发范式与主导的课程范式的内涵和旨趣比较接近。

一、学习者"缺席"的根源：科学主义课程开发范式

（一）科学主义课程开发范式的产生

科学主义课程开发范式源于 20 世纪早期的美国，当时的社会效率运动是该范式产生的社会背景。社会效率运动发轫于商业和工业领域，它奉行效率至上的观念，片面地追求效率最大化，反映了一种典型的工业化思维方式。泰勒（F. W. Taylor）在《科学管理的原理》一书中将这种效率思想加以理论化和系统化，提出了著名的泰勒主义。泰勒主义以效率为取向、以控制为中心，把科学等同于效率，把人视为生产工具，其建议工厂通过分解工作、对工人进行精准训练以及提高工人的生产技能来提高生产效率，以单位时间内生产产品的数量来给工人计算报酬。这一管理理论迎合了当时资本主义工业发展的需要，迅速扩展到社会生活的多个方面，并很快被引入教育领域，于是效率也成为当时学校教育追求的首要目标。

早期课程开发活动受到了泰勒主义的影响。1918 年博比特（J. F. Bobbitt）的《课程》一书的出版，拉开了课程开发的科学化运动的大幕。博比特后来在《怎样编制课程》一书中，提出了活动分析法，进一步阐述了课程编制①思想。博比特对课程开发过程的分析同泰勒对企业生产过程的分析如出一辙，前者也以效率为取向、以控制为中心，追求课程开发的科学化。同时期的另一位课程论专家查特斯（W. W. Charters）与博比特在课程开发方面的见地较相似，前者同样追求课程开发的科学化程序，注重课程目标的制订。他认为进行课程开发时，"首先必须制定目标，然后选择课程内容，在选择过程中，必须始终根据目标对课程内容进行评价"②。相较于博比特的课程思想，查特斯对课程内容的构成与课程开发方法的研究有一定的创新性。在上述思想的基础之上，查特斯又进一步把课

---

① 麦克尼尔（J. D. McNeil）将其归纳为以下五步：第一步，分析人类经验，即把人类广泛的经验划分为语言、健康、公民生活、娱乐等若干领域的经验，通过审视整个人类的经验领域来了解学校教育中的经验与其他经验的关系。第二步，分析具体的活动或具体的工作，即把人类经验的主要领域中的每一个领域再进一步划分为更具体的活动。第三步，陈述课程目标，即把从事每一项具体活动所需要的能力详尽地描述出来。第四步，选择课程目标，即从通过上述步骤所获得的众多目标中选择适合学校教育的目标，作为教育计划的基础。第五步，制订教育计划，即设计达到课程目标所需要的各种活动等。参见：McNeil, J. D., 1996: "*Curriculum: A Comprehensive Introduction*", New York, Harper Collins Publishers, Inc., 5th ed., 419~421.
② 转引自张华：《课程与教学论》，上海，上海教育出版社，2000，第 7 页。

程开发过程分解为七个重要的步骤①，并逐一加以阐述。

以博比特和查特斯为代表的早期课程论研究者吹响了科学主义课程开发运动的号角，积累了初步的课程开发经验。他们有关课程开发的原则和程序的思想奠定了现代课程理论的基础，也为泰勒原理的诞生奠定了坚实的基础，但同时也埋下了之后长达半个世纪的课程发展中"见物不见人"的现象的祸根。

（二）泰勒原理以及对其的批判

1. 泰勒原理的基本内容

科学主义课程开发理论的集大成者当属泰勒，泰勒原理对课程领域的影响长达半个多世纪。尽管自20世纪70年代后，泰勒原理的影响力有所减弱，但它直到今天也很难被完全逾越。作为泰勒的经典之作，《课程与教学的基本原理》一书介绍了泰勒原理的主要思想，书中提到的课程开发的四个步骤被公认是对课程开发原理最完美、最简洁、最清楚的阐述，是有效开发学校课程的"普遍性程序"。这四个步骤对应的四个基本问题是：（1）学校应该试图达到什么教育目标？（2）学校提供什么样的教育经验最有可能达到这些目标？（3）怎样有效地组织这些教育经验？（4）如何确定这些目标正在得以实现？②舒伯特则把上述四个问题认定为课程开发方面永恒的分析范畴③。泰勒关于课程开发的四个步骤成为后来的课程开发者纷纷效仿的模式，至今依然影响着课程开发的理论和实践。

纵观泰勒的四个基本问题，可以发现他把确定教育目标作为课程编制活动中最为关键的环节。也正是因为如此，泰勒的课程开发模式又被称为目标模式。泰勒认为，课程开发的首要环节是确立课程目标，这也是课程开发的出发点。他在书中写道："如果要设计一种教育计划并不断地加以改进，那么，就极其需要对所要达到的目标具有某些概念。这些教育目标

---

① 这七个步骤是："第一，通过研究社会背景中的人类生活，确定教育的主要目标。第二，把这些目标分析成各种理想和活动，然后再继续把它们分析成教学工作单元的层次。第三，将被分析成教学工作单元的理想与活动，按其重要性排列次序。第四，把对儿童有较大价值，而对成人价值不大的理想和活动提到较高的位置。第五，删除在校外能学得更好的理想与活动，然后确定在学校教育期间能够完成的最重要的理想与活动。第六，收集处理这些理想与活动的最佳实践措施。第七，根据儿童心理特征安排这些理想与活动，以便通过一种适当的教学顺序来获得它们。"转引自张华：《课程与教学论》，上海，上海教育出版社，2000，第7~8页。

② Tyler, R. W., 1949: "*Basic Principles of Curriculum and Instruction*", Chicago, The University of Chicago Press, 1.

③ Schubert, W. H., 1986: "*Curriculum: Perspective, Paradigm, and Possibility*", New York, Macmillan Publishing Company, 8~11.

是选择材料、勾划内容、编制教学程序，以及制定测验和考试的准则。教育计划的各个方面，实际上只是达到基本教育目标的手段。"① 可见，在泰勒的课程开发思想中，目标是灵魂，其决定着整个课程开发的过程及结果，课程内容的选择、组织以及课程评价等都是围绕课程目标展开的。泰勒进一步确定了课程目标的三个来源，即学习者的需求、社会的需要和学科知识，主张通过哲学和学习心理学这两个"筛子"对目标来源中的要素进行筛选。泰勒认为，确定课程目标后，接下来的步骤就是选择和组织经验，之后对学生的学习结果进行评价，以检验课程目标的达成度。泰勒原理给我们提供了一套非常清晰的、操作性很强的课程开发程序，成为后来课程研究的"标杆"。

2. 对泰勒原理的批判

如果说博比特开科学主义课程开发的先河，那么将科学主义课程开发范式推向顶峰的则是泰勒，其对课程领域的贡献可谓巨大。但随着人们观念的更新，泰勒原理愈发受到批判。针对科学主义课程开发范式中无视人的存在的现象，许多课程论方面的学者都对其进行了批判。艾略特（C. W. Eliot）指出，课程的目标模式强调标准化的教育目标，这种模式只能培养无主体性、无自由的个人。艾斯纳（E. W. Eisner）则认为学生不是无动力的，学生对相同的刺激会产生不同的反应。② 他对泰勒原理忽视学生的倾向进行了尖锐的批判。麦克唐纳（J. B. Macdonald）则批判了泰勒原理所设计的课程具有工程化的趋势，指责学校教育被简化为目标化的系统的方法，并进一步指出，"目前对于人的行为进行控制的系统的方法所存在的问题是：当我们控制自己的时候，系统的方法解决了效率问题，但将会造成使我们脱离通过理性的方法接触现实的巨大危险"③。这种危险就存在于技术理性所追求的"控制"之中，而普适的、划一的课程开发模式使人完全变成一种客体或客观符号，沦为马尔库塞（H. Marcuse）所描述的"单向度的人"。的确，以泰勒原理为代表的科学主义课程开发范式追求客观的、价值中立的课程，把课程开发过程看成一个客观的、线性的过程。在这个过程中，学科专家和课程专家拥有绝对的话语权，教师和学生被剥

---

① 〔美〕拉尔夫·泰勒：《课程与教学的基本原理》，施良方译，北京，人民教育出版社，1994，第 1 页。

② Eisner, E. W., 1994：" *The Educational Imagination：On the Design and Evaluation of School Programs* ", New York, Macmillan Publishing Company, 3rd ed., 112.

③ Macdonald, J. B., 1967：" An Example of Disciplined Curriculum Thinking", *Theory into Practice*, 4.

夺了参与课程开发的权力。就学生而言，他们被锁定为既定课程的接受者（或只是"顾客""消费者"）的角色，记忆、背诵成为其基本的学习方式；课程目标完全是预设好的，而不是随着学生经验的展开而生成的；技术理性的旨趣导致课程开发一味地追求控制和效率，忽略了价值理性的存在；等等。一句话，学生的需要、学生的主体性并未受到应有的重视。如果说科学主义课程开发范式衍生了"防教师"课程，那么，这一课程开发范式中的"防学习者"的色彩更为浓重。

20 世纪 70 年代以后，以泰勒原理为代表的科学主义课程开发范式遭到了更加猛烈的批判。以派纳为首的概念重建主义者明确提出了概念重构主义课程研究范式，把矛头直接指向现代课程制度的弊端。尽管泰勒原理中也提及了教师或学生个体，但在派纳看来，课程领域已经忘记了个体的存在，仅仅专注于课程设计、课程实施、课程评价、预先规定的课程材料等，课程领域忽略了个体经验。[①] 接着，派纳从词源学的角度对传统课程观中的课程概念进行了解构，指出把课程视为"跑道"，即预先设定好的、供学生记忆的教学内容或教材，更多的是在关注课程作为静态知识（教育内容）的一面，认为知识或教育内容是被事先安排好的，等待学习者去接受、掌握的，以至于师生动态的经验和体验被忽略了。在解构传统课程概念的同时，派纳又对课程概念进行了重建，从词源上追溯作为动词"跑"的课程，意在强调课程是动态的（跑的过程）、内在于学习者的（跑的经验）。他说："课程是一种特别复杂的对话，课程不再只是一个产品，更是一个过程。它已成为一种行动、一种社会实践等。"[②] 显然，对传统科学主义课程开发范式做出批判的概念重建主义者，不再仅仅关注课程内容或知识本身，其重心落到师生对课程知识和意义进行探究的过程上；关注课程中人的存在，注重教师与学生的个人经历，凸显教师和学生介入课程发展的过程。从学生课程参与的角度来说，派纳的课程思想突出了学生对课程的学习和体验是一个意义建构的过程。

二、学习者"缺席"与对意义的遮蔽

学生课程参与具有二重性，即事实性和意义性。一方面，学生与课程有着天然的联系，学生是影响和制约课程发展的重要因素，课程发展不能

---

① Pinar, W. F., Reynolds, W. M., Slattery, P., et al., 1995: "*Understanding Curriculum: An Introduction to the Study of Historical and Contemporary Curriculum Discourses*", New York, Peter Lang Publishing, Inc., 519.

② 同①，847~848.

缺少学生的参与；另一方面，学生课程参与意味着学生作为课程主体对课程进行意义建构，实现学生与课程的意义共生。科学主义课程开发范式衍生出"防学习者"课程，导致学习者在课程发展中"缺席"。这不仅割裂了学生与课程的事实关联，而且遮蔽了课程知识对学生的意义关照。

一方面，"防学习者"课程割裂了学生与课程的事实关联。"防学习者"课程人为地割裂了学生与课程之间的联系，其内在的预设性钳制了学生，学生在课程面前始终是处于"被安排"的地位，课程主体身份荡然无存。在科学主义课程开发范式中，课程目标是一种典型的外设性目标，学生仅仅是作为课程目标实现的工具，课程主体的身份长期被忽视。辩证地看待泰勒的课程思想，其中也不乏对学生的关注，例如把对学生的研究作为课程目标的来源之一；强调学生的个性和主动投入，指出"'学习经验'（learning experience）这个术语，不等同于一门学程所涉及的内容，也不等同于教师所从事的各种活动。'学习经验'是指学习者与他对作出反应的环境中的外部条件之间的相互作用"①。言下之意是，学生是一个主动的参与者。后来，泰勒不断地思考、修改和澄清自己的主张，他说，"在我的思想中变化最大的是对学习者和知识的看法，以及适合于目标的一般化程度的问题"②，这其中就包含更加关注学生的能动性、强调学生的校外学习等。不过，从整体上考量泰勒的课程思想，则能隐约地感受到学生始终处于"控制"之中，其为实现预设的特定目标而存在，被动地服从外界的规定导致他们事实上根本无法产生真切的体验，进而达致个性的解放与发展。在后来的布鲁纳的结构主义课程理论中，学生同样是外在于课程的。

另一方面，学习者的"缺席"使课程知识对儿童的意义关照功能无法顺利实现。提及课程就必然会涉及知识，知识是课程的主要载体，课程是对知识的选择、组织和加工，二者向来交织在一起。科学主义课程开发范式中的学生长期以来扮演着"顾客"或"消费者"的角色，消费着由专家、学者等所研制的课程"成品"。学习者的"缺席"在使学生与课程的事实关联遭到割裂的同时，也使课程知识对学生的意义关照功能无法顺利实现，造成学生与课程知识之间仅仅是认识者和被认识对象的关系，而不是理解者和意义载体的关系，课程知识原本蕴含的对人的精神生活和意义世界给予关照、护持的功能无法发挥。

---

① 〔美〕拉尔夫·泰勒：《课程与教学的基本原理》，施良方译，北京，人民教育出版社，1994，第49页。

② 同①，第109页。

科学主义课程开发范式秉承客观认识论。客观认识论视野中的知识是客观存在的"他者",是外在于学习者的,主张个体在面对知识时只做"镜式"反应——接受、膜拜,而不要去质疑或探究。学习者在获得知识的过程中必须摒弃个人所有的主张、意见、经验、偏见、情感等,以便正确地反映世界,获得客观知识。如此一来,学生成了知识的容器,学生与知识的关系仅仅是一种"占有"关系,学生学习的目的就是获取冷冰冰的知识,学生的需要、兴趣及个性发展遭到忽视。原本丰富多彩的、复杂的、动态变化的人的生存世界被抽象成一些简单的知识,"在文明人那里,随着知识的不断增长和积累,一切都颠倒过来了。认识、知识成了第一性的东西,欲求和意志则成了认识的仆从。仿佛人一诞生下来他的全部使命就是认识世界,对他来说似乎从来就没有一个生存问题"①。客观认识论完全将人(这里主要指学生)搁置起来,原本滋养人的精神和意义世界的知识变成冷冰冰的、抽象的符号,原本丰富多彩的人的生活世界也不在知识世界中。知识不但没有"造福"于人,反倒成为钳制人的精神自由之物。

科学主义课程开发范式 20 世纪 50 年代以来逐渐式微,尤其是 20 世纪70 年代以来,其受到以派纳为首的概念重构主义者的猛烈抨击,课程研究领域在这个阶段也发生了范式转换。科学主义课程开发范式下的课程实践是一种接受式课程实践,其语境下的课程实施或狭义的教学遵循的是传统的授受模式,学校的教学工作都围绕着知识运转,学校教育演变成单一的知识教育,教学被窄化为知识教学并逐渐发生异化。在单向的授受式教学过程中,原本作为教师职业生活方式之一的教学变成单调乏味的知识搬运与传授活动。在知识的功利价值被凸显的时代,教师教学的乐趣以及通过教学彰显个体人生价值的内蕴被忽略,教学变成一种痛苦的"负担"。学生的学习被异化,他们将知识据为己有,像储藏物品一样把知识储存于自己的大脑中是他们学习的主要目标甚至是唯一的目标。当学生以占有知识为根本鹄的,学习的过程就变成学生痴迷地获取知识的机械过程。从表面上看,学生似乎是无时无刻不在学习知识,但事实上,知识却越来越远离学生的精神世界。原本是源于人的内在需求,或为了满足人的好奇心,从而让人产生满足感的学习活动失去了内在的魅力,学生被一种外在的力量诱惑着、控制着、驱动着前行,沦为学习的奴隶;具有浓重的机械化、工业化色彩的灌输、训练充斥于学生的学习过程中。如此一来,学习变成了

---

① 俞吾金:《问题域外的问题——现代西方哲学方法论探要》,上海,上海人民出版社,1988,第 15 页。

精神"苦旅",学生丰富多彩的精神世界被整齐划一的知识教学所约束,出现了种种异化现象:"学得越多,越被动;知识技能越多,创新精神与实践能力越少;满腹经纶,却迷失了自我"。[①] 异化的知识教学剥离了学校课程知识的人性化特质,忽略了课程知识的文化价值,学生精神生命的成长非但没有受到知识的关照、护持和滋养,反而受到异化的知识教学的戕害。

第二节 课程观的转变为学生课程参与奠定理论基础

以泰勒原理为代表的科学主义课程开发范式在受到多方质疑和批判后逐渐走下神坛,失去了往日的光彩。声势浩大的结构主义课程改革运动的失败加剧了人们的失落感,一时间彷徨、失望的情绪弥漫整个课程领域,课程重生成为人们共同的期盼。后来,实践课程观、过程课程观、概念重建主义课程观、后现代课程观等纷纷登台,引起了 20 世纪 70 年代以来课程研究领域的"范式转换"。这些课程观超越了以泰勒原理为代表的科学主义课程开发范式,走向了课程理解范式,为学生课程参与提供了新的理论基础。

一、实践课程观和过程课程观与学生课程参与

(一) 实践课程观与学生课程参与

实践课程观的代表人物是美国学者施瓦布。在美国 20 世纪 50 年代至 60 年代的结构主义课程改革运动中,施瓦布作为重要的成员领导了这场改革。但后来改革以失败告终,之后施瓦布进行了深刻的反思。他认为结构主义课程完全是由科学家和学术领域的专家开发的,一线教师和学生完全被排斥在课程开发之外,这种自上而下的课程改革模式和脱离具体教育情境的课程开发方式注定失败。于是,施瓦布在对以泰勒原理为代表的传统课程开发观和自上而下的课程变革模式进行批判的基础上,提出了实践课程观。实践课程观在课程主体的认定、课程的审议、课程的开发以及价值取向上都彰显了学生的主体性,为学生课程参与奠定了理论基础。

在课程主体的认定上,实践课程观强调师生都应该是课程的合法主体,

---

① 张华:《走向学习哲学》,《上海教育科研》2004 年第 2 期。

他们共同创造着课程，而不是一味被动地接受课程，传统的课程开发中忽视教师和学生参与的局面必须得到扭转。我们可以从"教师即课程"和"学生即课程"这两个命题来分析和把握实践课程观。"教师即课程"旨在强调教师并非课程之外的他者，而是课程的主体。教师有权利、有能力参与学校课程事务，如参与学校课程设计、实施和评价等，尤其是在课程实施中，教师完全有权利对课程内容进行理解、建构和加工，创造课程意义。"学生即课程"则表明学生同样是课程的主体和创造者。一方面，他们在接受（学习）课程；另一方面，他们会发挥主观能动性，对所学内容及如何学习做出反思、批判和评价。也就是说，虽然学生们不能直接设计、开发课程，"但他们有权对教师提供的课程进行选择，有权对于什么学习内容是有价值的以及如何完成这种学习内容等问题向教师提出质疑，并要求解答"①。"任何水平、任何年龄的学生都可以合法地提出下列问题：什么值得我学习和体验？我怎样才能迈向这个方向？我怎样才能知道我正朝这个方向成长？"② 学生通过质疑、提问、反思和评价等方式让创造和接受课程变为同一过程③，实现学生个体的成长和课程意义的创生。

实践课程观强调四个要素间的联动，即教材（学科内容）、环境、教师、学生彼此之间的互动。④ 实践课程的基本内涵就体现在由四个要素间的互动构成的"生态系统"中。在实践课程观视野中，师生同是课程的主体和创造者，而学生又往往居于中心地位，两方相互作用，构成"交互主体"的关系。师生凭借教材并依托环境展开对话，生成课程的意义。有研究者指出："教材是课程的有机构成部分，……但是，教材只有在成为相互作用过程中的积极因素时，只有在满足特定学习情境的问题、需要和兴趣时，才具有课程的意义。"⑤实践课程观认为，不管是教材还是环境，都必须依靠人（教师和学生），通过人来彰显其价值和意义，人是课程诸要素中的决定性要素。施瓦布有力地批判了课程发展和变革中长期存在的"见物不见人"的痼疾，为学生的课程参与提供了重要的学理依据。

实践课程观进一步阐释了课程开发的方式——审议。审议一般指对不

---

① 史学正、徐来群：《施瓦布的课程理论述评》，《外国教育研究》2005 年第 1 期。

② 张华、石伟平、马庆发：《课程流派研究》，济南，山东教育出版社，2000，第 237 页。

③ Schubert, W. H., 1986："*Curriculum：Perspective, Paradigm, and Possibility*"，New York，Macmillan Publishing Company，163.

④ 施瓦布在《实践 3：转化为课程》中确立了一种新的课程——实践课程，并对四个要素进行了解释。参见：Schwab, J. J., 1973： "The Practical 3：Translation into Curriculum"，*School Review*，4.

⑤ 张华、石伟平、马庆发：《课程流派研究》，济南，山东教育出版社，2000，第 240 页。

同对象进行权衡以做出选择的过程。课程审议是指"课程开发的主体对具体教育实践情境中的问题反复讨论权衡，以获得一致性的理解与解释，最终作出恰当的、一致性的课程变革的决定及相应的策略"①。施瓦布进一步指出，课程审议的主体是课程集体②，其中就包含学生这类主体，并强调学生在课程审议中占有重要地位。因此，在课程审议活动中，必须充分考虑学生的年龄特征、实际水平等，他们的需要、兴趣和问题是课程审议的核心问题。课程审议的核心内容是探讨四个要素相互作用的过程，旨在追求四个要素间的动态平衡。舒伯特对四个要素间的关系进行了详细阐释，其中多次论及学生，包括学生与教师相互作用、学生与学生相互作用、学生与教材相互作用以及学生与环境相互作用，充分彰显了学生在实践课程中的地位。

如何开展课程审议呢？施瓦布创造性地提出了实践的艺术、准实践的艺术和折中的艺术等三种方式，其中折中的艺术赋予学生新的内涵，也蕴含了学生课程参与的思想。课程审议者在对理论进行折中的"多焦点概览"时，关注每一个实践情境的特殊性。学生是课程集体或审议集体中的核心成员，他们的兴趣、需要（而不是教材）是实践课程的中心；学生在学习学科知识时，会自主地意识到所学知识对其成长的意义，在学习过程中会能动地选择、重构知识，以适应自身的兴趣和需要，从而更好地促进自我发展。换句话说，在实践课程的视野中，学生视自己为知识的创造者，以课程主体的身份创造性地建构知识。③

实践课程观的本质是追求"实践兴趣"。按照德国哲学家哈贝马斯（J. Habermas）的观点，"'实践兴趣'是建立在对意义的'一致性解释'的基础上，通过与环境的相互作用而理解环境的人类的基本兴趣"④。实践课程观强调个体通过与具体实践情境的相互作用来理解课程，凸显课程的实践价值，实践因此成为实践课程的基本特质。在实践课程观的视域中，任何实践情境都是独特的，很难找到普适性的实践情境。正因为如此，课程开发过程应是主体之间根据特定实践情境的需要进行审议的过程。施瓦布倡导的实践课程观消解了传统课程开发范式一味追求普遍性理论或模式

---

① 张华：《课程与教学论》，上海，上海教育出版社，2000，第21页。

② Schwab，J. J.，1983："The Practical 4：Something for Curriculum Professors to Do"，*Curriculum Inquiry*，3.

③ Schubert，W. H.，1986："*Curriculum：Perspective，Paradigm，and Possibility*"，New York，Macmillan Publishing Company，300.

④ 张华、石伟平、马庆发：《课程流派研究》，济南，山东教育出版社，2000，第254页。

的演绎风格，由宏大叙事转向关注具体的教育情境和课程实践；超越了泰勒原理追求的"技术兴趣"的取向，教师和学生在课程开发中的主体地位获得了尊重，课程的旨趣变成了追求人的需要、兴趣等的满足和能力、德性的提升，知识、技能的掌握以及人对环境的控制不再是课程的根本目的。

（二）过程课程观与学生课程参与

斯滕豪斯（L. Stenhouse）是英国现代课程论专家，他在其代表作《课程研究与开发导论》中提出了著名的课程规划"过程模式"，形成了颇具特色的过程课程观。过程课程观是斯滕豪斯基于教育的使命在于使人变得更自由、更具有创造力的信念，在批判泰勒等人的目标模式的基础上提出来的。过程课程观关注过程，强调课程目标的动态生成性，主张在选择课程内容时学生要介入等思想，为学生课程参与奠定了重要的理论基础。

第一，过程课程观反对预设，具体表现在课程目标的拟定和课程内容的选择这两个方面。在课程目标的拟定上，过程课程观关注课程目标的动态生成性。斯滕豪斯认为教育是指向人的活动的，其过程是复杂的，充满很多未知和不确定的因素，教育者在关注教育目标预设性的同时，更要关注教育目标的动态生成性，毕竟现实的教育活动中的很多目标是伴随着教育活动的展开而生成的，而不是一成不变的。斯滕豪斯明确反对泰勒将课程内容分解成具体的、确定的行为目标。在斯滕豪斯看来，目标模式误解了知识的性质，"知识从根本上来讲关注的是综合。知识不能够还原成行为，尤其不能用预先规定的表现形式来表述，这是由知识的功能所决定的"[1]。把学生行为标准化的企图加强了学校的支配权，压抑了学生的创造性。过程课程观虽然也对教师和学生要做什么做了详细的规定和说明，但没有事先预设具体的教学目标，因为在过程课程观的视野中，目标具有非预设性特质，真正有价值的东西往往不是预先能被详细规定好的，而是伴随着过程的展开而逐步生成的。

在课程内容的选择上，过程课程观大胆批判了泰勒有关知识的看法，认为知识的掌握不是最终目的，知识应该成为学生进一步探索和思考未知的起点，从这个意义上说，知识不应该被作为现成的结论简单地由教师传授给学生。课程的内容不是完全预设好的和固定不变的，而是处于发展变化之中，它与课程自身的发展及学生学习程度有着内在关联，并随之不断发生变化。学生及其学习的因素在这里被彰显出来，因此，过程课程观认

---

① 施良方：《课程理论——课程的基础、原理与问题》，北京，教育科学出版社，1996，第 174 页。

为课程内容的选择和组织要充分考虑学生的因素。关于学生课程参与的价值问题，拉茨（J. D. Raths）做了专门的探讨，斯滕豪斯深受其启发。拉茨在 1971 年发表的《没有特定目标的教学》一文中提出了课程内容选择的12 条标准①，具体、有力地阐释了有学生参与的活动为何比其他活动具有更大的价值，凸显了学生参与课程内容选择的价值和意义。

第二，过程课程观强调过程本身的价值，蕴含着对学生主体性尊重的思想，渗透着对学生个性化的生命活动的重视。尽管斯滕豪斯的课程理论重点阐释了教师课程参与的思想，但其富有人文色彩的课程思想也蕴含了对学生主体性的尊重。过程课程观强调过程本身的教育价值，主张教育过程中教师与学生以平等的主体身份相互作用，形成交互主体的关系；在课程开发和实施过程中，学生不是旁观者、被控制者，而是合法的参与者，其主体性得以确认并彰显。过程课程观把发展学生的自主性、能动性和创造性作为教育的目标，尊重并鼓励学生的个性，并把这一目标与课程活动、教学过程统一起来。② 从学生课程参与的视角来审视斯滕豪斯的课程思想，可以看出过程课程观允许学生基于已有的知识和经验对课程意义进行个性化的解读，在课程实践中动态生成多元化的课程意义。换言之，学生可以基于各自的视角对课程进行不同的解释，建构不同的课程意义。

概言之，斯滕豪斯的过程课程观视野下的学习不是学生被动接受知识和单纯地习得知识与技能的过程，这一过程是充分凸显学生的主体性，尊重学生个人的理解和判断，鼓励学生积极主动地思考和探究，进而创造课程意义的过程。

二、现象–解释学课程观与学生课程参与

以现象学、解释学为理论基础的现象–解释学课程理论是当代北美课程领域中一支重要的理论流派。该流派的基本思想集中体现在派纳的概念重建主义课程理论和史密斯（D. Smith）、阿特金斯（E. Atkins）的解释学课程理论中。现象–解释学课程理论对课程概念的重建，以及其所运用的"反思""体验""生活世界""视域融合""意义建构"等术语，尽显了人的主体性，为学生课程参与奠定了重要的理论基础。

（一）概念重建主义课程观与学生课程参与

20 世纪 70 年代中期以来，课程研究领域发生了重大的范式转换，传

① 这 12 条标准的大致情况可参见汪霞在《课程开发的过程模式及其评价》一文中的介绍。
② 肖温雅：《课程模式与学生的主体性发展》，《教育探索》2006 年第 3 期。

统的以泰勒的课程思想为代表的课程开发范式受到多方的猛烈批判并逐渐式微，新生的以派纳的课程思想为代表的课程理论开始具有优势，逐步形成了一种新的课程范式——概念重建主义课程范式。概念重建主义课程范式又分为存在现象学课程论和批判课程论，这部分主要阐述以派纳的课程思想为代表的存在现象学课程论及其对学生课程参与所发挥的理论上的支持作用。

派纳对课程论的重大贡献在于其提出了存在现象学课程论。我们可以从课程本质、目标、内容等几个方面归纳存在现象学课程论的基本主张，并据此分析有关学生课程参与的论据。

在课程的本质上，派纳对传统的课程概念进行了解构并加以重构，提出了存在经验课程的理念。在派纳看来，美国的课程学者可以划分为三大阵营：传统主义者、概念经验主义者、概念重建主义者。对于前两者，派纳认为他们所做的课程探究工作"都是以技术理性为指导的。这种做法无法获得真正的课程理论，所得到的无非是一些具体的工作规范而已"①。派纳从词源上重新审视了课程一词，指出 currere 作为动词，强调的是跑的过程与主体在奔跑时的体验。他认为，课程就是让人建构自我，建构主体生活经验的过程，课程是师生共同参与的意义创造过程。② 存在现象学课程观关注个人的存在经验，指向人的自由和解放，其本质上是符合解放兴趣的。所谓解放兴趣是指，人类对解放和权力的基本兴趣，这类兴趣使人们基于对人类社会结构可靠的、富有批判性的洞察而采取的自主的行动③。可见，解放兴趣追求人的自由和解放，倡导人成为真正的活动主体。以此为主旨的存在现象学课程观强调学生可以诠释课程。

在课程目的上，存在现象学课程观批评传统课程限制和剥夺了学生作为主体所拥有的自由体验、探究与表达的权力。派纳认为，在传统课程研究中学生基本处于被边缘化或漠视的状态，甚至被视为无知的教学对象（仅仅被当作工具性存在），他们的个性和自我意识常常受到忽视或遭到压抑。为此，派纳希望通过提升学生的个体意识来促进学生个体的解放和学校生活的改善。派纳认为"'个体的解放'就是通过对个体'生活经验'

---

① 尹弘飚、靳玉乐：《现象—诠释学课程理论及其对基础教育新课程的启示》，《外国教育研究》2002 年第 12 期。

② 强调过程的课程可引申为教师引导学生体验的过程，突出学生对课程的学习和体验是一个意义建构的过程。派纳的分析是在努力突出学生对课程的学习是一个有意义的建构知识的过程，强调课程具有生成性，而不是固定的学习材料。

③ Grundy, S., 1987："*Curriculum*：*Product or Praxis*"，London，The Falmer Press，19.

的解释，提升个人的内在生活与自我意识，把个体从无意识中、他人的对象化中及现实中解放出来，最终将人的真谛——'主体性'解放出来"①。换言之，存在现象学课程观在课程目的上直指人的主体性解放，其途径就是让作为课程主体的个体不断进行自我反思和对生活经验进行诠释。

在课程内容上，派纳认为，传统课程理论遵循传统认识论和自然科学的基本逻辑，主张课程是客观的和价值中立的存在，人们只能摒弃所有个人的偏见、经验、情感等一切主观因素，客观（镜式）地反映外部世界，从而获得客观知识。从这种否定人的自由意志的思想中衍生出来的课程的程序主义倾向，造成传统课程理论"反理论""反历史"等问题。在批判传统课程理论的基础上，派纳等人将生活体验视为课程内容的来源。该理论认为课程是个体的自我体验，课程应关注学生在生活世界中的体验或生活经验，提升学生个体的意识水平，让学生体验课程，以此来完成对自我的重建，实现学生的主体性生成的目的。由于这种课程观强调以学生的经验作为课程内容，那么其就必然要求学生以课程主体的身份参与课程的发展。

由上述分析可知，派纳的概念重建主义课程观关注学习者的经验，凸显课程的过程性，强调将学习者置于课程的中心并将其主体性的生成和解放作为根本目标，力图改变传统科学主义课程观无视人的现象，为学生课程参与奠定了理论基础。

（二）解释学课程理论与学生课程参与

现代解释学是当代西方哲学的一股重要思潮，其理论渊源可追溯到传统的解释学。后来，由于文艺复兴运动的冲击及宗教改革的推波助澜，一些研究者逐渐把传统的解释学变成一门方法论学科，其中代表性人物是施莱尔马赫（F. D. E. Schleiermacher）——他把解释学由诠释经典变为一种普遍的方法论。后来，哲学家狄尔泰（W. Dilthey）进一步把解释学推广到人文社会科学领域，把它变为普遍的方法论基础。海德格尔（M. Heidegger）则把解释学中的问题从方法论问题转变为本体论问题。解释学理论发展道路上真正的集大成者当属伽达默尔，其在批判传统解释学理论的基础上撰写了《真理与方法》一书，标志着新兴的现代解释学（哲学解释学）从此诞生。解释学的核心概念是理解，传统解释学与现代解释学对理解的认识存在较大分歧。传统解释学秉持重建观，认为"理解与解释历史是对已失

---

① 时延辉：《威廉·派纳的自传式课程理论研究》，西南大学学位论文，2006，第18页。

去的进行重建"①，文本的意义是固定不变的，是可以被读者跨越时空地去还原的。而现代解释学则对传统解释学的重建观进行了猛烈的批判，认为理解是人的一种存在方式，理解的目的不是简单地还原事实真相，而是指向人的意义存在，人与人通过理解实现视域融合。

哲学解释学是关于文本意义的理解与解释的哲学，理解和意义是它的两个核心概念。在哲学解释学视野中，意义是人与外部世界间建立起来的一种关系，它是在人理解对象的过程中不断生成的，诚如海德格尔所说："此在的意义——亦即整个世界的意义——不是被理解后才呈现在理解者面前，而是随着理解被展开；不是说，理解发现了这些早已存在于某处的意义，而是随着理解的展开'生成'了意义。"② 可见，"理解"是人把握外部世界的重要方式，是意义得以生成的基础。哲学解释学关于理解的基本思想可以概括为：理解的历史性；理解是视域融合的过程；理解是对话的过程，语言是理解的普遍媒介；理解是一种创造，是相对的、多样的、无限的。③ 分析哲学解释学关于理解的基本观点，我们可以从中找到学生课程参与的哲学依据。既然理解发生在解释者和解释对象（文本）之间，是解释者与文本的编撰者实现视域融合的过程，那么这其中一个很重要的前提和基础就是解释者的参与。从哲学解释学的视角来看，任何意义的生成都是参与主体通过对话达成一致性理解的过程。为了生成意义、达成共识，哲学解释学强调参与和对话，尊重参与主体的既有视界，倡导"交互主体性"。正是基于这一点，哲学解释学从认识论上打破了优势群体拥有话语霸权的局面，强调关照弱势群体的声音。从这个意义上说，哲学解释学的基本观点与学生课程参与有着内在的相关性。在哲学解释学视野中，理解课程是学生与课程关系的基本样态；学生课程参与是学生与课程文本及其他参与者之间通过对话实现视域融合的过程；学生对课程文本的理解、建构是课程意义生成的基础。

20世纪70年代以来，解释学的思想被运用于课程领域的研究，逐步形成了解释学课程理论，加拿大的史密斯和美国的阿特金斯便是这一理论的代表人物。

史密斯在对现代范式下的教育学进行深刻的批判与反思的基础上确立

---

① 转引自殷鼎：《理解的命运——解释学初论》，北京，生活·读书·新知三联书店，1988，第8页。

② 转引自潘德荣：《基于"此在"的诠释学》，《安徽师大学报（哲学社会科学版）》1996年第2期。

③ 杨华：《诠释学课程理论研究》，西南师范大学学位论文，2002，第8~9页。

了新型的解释学教育学，他的解释学课程与教学思想集中体现在《解释学想象力与教学文本》一文中。在此文中，史密斯梳理了解释学思想的演变历程，指出解释学已经成为当今社会思想潮流的一个重要分支。他指出，从教育上看，解释学想象力打开了一扇大门，"让我们经由此门去探讨下面这个问题：当大家使用诸如课程、研究、教学等词时，大家得问一下，到底是什么使得我们能够用目前所用的方式说话、思考和行动的"①。解释学思想为课程与教学研究打开了一扇窗，拓宽了课程与教学研究的视野，"文本""理解""视域融合"等成为课程、教学研究中的主流话语。在史密斯的解释学课程观中，教学材料只是一种文本，其拥有大量的可供解释的空间，学生可以基于自己的知识和经验进行个性化的诠释，生成不同的课程意义，而不是一味地接受课程文本。为此，史密斯主张学生应具备解读课程文本这一必要的课程权力，以便从任何课程文本中读出自己的生活，看出自己在其中或其外的处境。②

　　另一位解释学课程理论的代表性人物是美国的阿特金斯，其有关解释学的课程思想集中体现在《以解释学和实践重建课程理论：解释学的视角》一文中。阿特金斯在该文中集中围绕解释学对传统认识论的否定与超越、解释学中对课程理论有启发价值的几个概念、解释学在课程理论中的运用③这三个方面阐述了自己的解释学课程理论。阿特金斯首先旗帜鲜明地批判了西方思想界因过度信仰和盲从推崇理性而导致的理性工具主义泛滥的境况，极力关注与现实互动的知识，尝试确立起一种"辩证认识论"，从而超越了柏拉图的理性知识观、笛卡尔的主体认识论以及康德主客二分的做法。在此基础上，阿特金斯进一步解析了共识、历史意识、解释、实践智慧等概念，认为"这些概念之间错综复杂的关系提供了一种丰富的框架，使世界有了意义，也给课程研究带来启迪"④。与此同时，阿特金斯还分析了社会情境对理解的重要性，认为任何理解都是存在于特定的社会和文化情境中的，其不可能凭空发生；社会实践是理解的根基和土壤；对话、成见同样具有重要的课程论意义。阿特金斯赞同伽达默尔关于对话、理解、偏见和视域融合的观点。最后，阿特金斯阐述了解释学在课程理论中的应

---

　　① 〔加〕大卫·杰弗里·史密斯：《全球化与后现代教育学》，郭洋生译，北京，教育科学出版社，2000，第111页。

　　② 参考：〔加〕大卫·杰弗里·史密斯：《全球化与后现代教育学》，郭洋生译，北京，教育科学出版社，2000，第179页。

　　③ 杨明全：《论课程研究的诠释学取向》，《全球教育展望》2002年第2期。

　　④ Atkins, E., 1988："Reframing Curriculum Theory in Terms of Interpretation and Practice：A Hermeneutical Approach", *Journal of Curriculum Studies*, 5.

用问题，其认为尽管解释学不能提供一种指导以决定什么知识最有价值，但它可以提供丰富的概念和一些有力的隐喻，而这些都有助于重新建构课程理论。

综上所述，解释学课程理论批判实证科学主客分离的二元对立的思维方式所导致的无视学生的主体性的情况，并致力于超越这种境况，倡导通过主体间的理解与对话，走向类主体的境界。该理论中的对话、本质直观和反思等概念可以帮助我们理解课程动态的一面，帮助我们认识到课程是理解的"过程"，而非预设的"结果"，是不同课程主体在对话过程中达成共识、建构意义的过程，也即课程主体视域融合的过程。可见，现象-解释学课程观凸显了主体的解放，尊重学生作为一个个体，始终是以主体的身份合作或独立地参与课程的理解与建构，学生的课程主体身份因此得到了极大的彰显。

三、建构主义课程观与学生课程参与

建构主义课程观是建立在建构主义基础上的。建构主义是一种后结构主义思想，它是对结构主义的反叛，美国结构主义课程改革运动的失败催生了建构主义课程理论的快速形成。提及建构主义，瑞士心理学家皮亚杰是先驱，他从内外因相互作用的角度探究了儿童的认知发展过程。他主张儿童的认知发展是其通过与周边环境的交互作用，通过同化和顺应，在建构外部世界知识的基础上实现的。皮亚杰还进一步揭示了儿童认知结构发展的内在机制。后来的学者，诸如科尔伯格（L. Kohlberg）、斯滕伯格（R. J. Sternberg）、维柯（G. Vico）等人在皮亚杰学说的基础上，对儿童的认知发展学说做了拓展和深化，进一步丰富了建构主义课程理论。

建构主义课程观建基于建构主义知识观和学习观，因此，要分析建构主义课程观首先必须了解建构主义知识观和学习观。

在知识观上，建构主义摒弃了客观主义有关知识是客观的、知识是人们对外部客观世界的"镜式"反映、知识是可靠的等假设，认为知识是人对于世界的一种解释，这种解释是个体在与情境的交互作用之中建构的，带有主观性和境遇性，它绝不是人对现实世界的客观反映。也即是说建构主义认为，所有的知识的意义都是人主动建构的；知识是种猜测，它是可证伪的，而并非绝对确定和永恒的；知识的获取过程是个体基于已有的知识与经验，在特定情境中根据自己的目的建构意义的过程；在建构知识意义的过程中，个体已经拥有的知识和经验是前提与基础，并且发挥着重要作用。知识观是学习观的基础，有什么样的知识观就有什么样的学习观。

立足于建构主义知识观，建构主义学习观得以确立。

在学习观上，建构主义强调学习的建构性本质，主张学习是个体通过新旧知识与经验的相互作用，利用同化和顺应两种途径来完成知识的建构和意义的生成的过程。在建构主义学习观中，学习环境由"情境""协作""对话""意义建构"① 四大要素构成，任何学习都是发生在特定的情境中的，是学习者基于丰富的教育情境，通过主动探索、协商来建构知识和创生意义的过程。总之，在建构主义视野中，"学习本质上是知识的主动建构过程，是个体在与外部世界的相互作用过程中，以一定的社会交往、社会规范、社会文化产品为背景，在已有经验和知识的基础上，建构自己新的知识和理解的过程，是意义的生成过程"②。

基于建构主义知识观和学习观之上的建构主义课程观，强调课程目标的生成性与表现性，注重课程内容的意义建构，关注课程实施的情境性与动态性，强调课程评价的形成性和发展性。③ 情境、动态、建构、生成等是建构主义课程观的关键词，彰显了学生在课程发展中的主体性。在课程目标上，建构主义课程观认为课程目标不是事先预设的，而是师生在教育情境中通过协商而确立的。在课程内容上，建构主义课程观重点关注课程内容对于学习者实际所具有的意义，而非追求课程内容的系统性；强调学习者个人要与课程内容建立关联，允许学习者基于个人的价值判断，有选择性地对感兴趣的内容进行意义建构。在课程实施上，建构主义课程观对以往的师生关系重新进行了界定，主张在知识建构过程中，学生是主体，教师是辅导者、高级合作者和引导者；教师在进行教学设计时要充分考虑学生的认知主体身份，在运用教学策略时应以学生的兴趣为出发点，最大限度地促进学习者与情境、文本展开交互作用，主动进行意义建构。在课程评价上，建构主义课程观反对传统的目标达成式评价，主张根据教育情

---

① 建构主义学习观认为学习环境中的四大要素分别如下：（1）情境。学习情境必须有利于学生对所学内容的意义建构。（2）协作。协作发生在学习过程中，协作对学习资料的搜集与分析、假设的提出与验证、学习成果的评价直至意义的最终建构均有重要作用。（3）对话。对话是协作过程中不可缺少的环节，小组成员之间必须通过对话商讨如何完成规定的学习任务。此外，协作学习过程也是对话的过程，在此过程中，每个学生的思维成果为整个学习群体所共享，因此对话是达成意义建构的重要手段之一。（4）意义建构。学生在学习过程中进行建构意义，有助于其对当前学习内容所反映的事物的性质和该事物与其他事物之间的内在联系形成较深刻的理解，这是整个学习过程的最终目标。

② 任长松：《探究式学习——学生知识的自主建构》，北京，教育科学出版社，2005，第172页。

③ 胡冬群、周勇：《建构主义课程观的后现代意蕴》，《当代教育论坛（学科教育研究）》2008年第8期。

境进行动态的、多元化的评价。立足于对知识的建构性本质的认识，建构主义的评价秉持目的游离的原则，按照基于真实情境、基于知识建构和经验建构、基于学习者的知识背景、多样化标准①等准则，强调学生的主体参与，凸显主体性、多元化的发展性评价特色。

建构主义课程观突出了学生作为课程主体的地位，强调学习是意义建构的过程，为学生课程参与提供了重要的理论依据。首先，建构主义课程观认为知识本质上具有建构性，这就决定了学生在学习时可以具有主动性。其次，建构主义课程观主张学习是主体基于自身经验对知识进行主动建构的过程，学生课程参与很大程度上就是在彰显自己的课程主体身份，即学生主动重构课程知识，创生新的课程知识和意义。最后，建构主义课程观强调学习同时是一种意义生成的过程，这一过程必须借助于学习者对知识的主动建构方能实现。学生课程参与指向的是教师通过多种途径、采取多种措施让学生在接受指导或在与他人合作的情况下积极主动地建构对自己有意义的知识。

四、后现代课程观与学生课程参与

后现代课程观是在批判现代课程理论的基础上产生的，其通常可分为两种类型：一种是批判性后现代课程观，另一种是建设性后现代课程观。本文着重分析多尔（W. Doll）的课程思想（属于建设性后现代课程观）及其对学生课程参与的意义。后现代课程观运用后现代哲学思维，在充分吸收相关课程理论的积极因素的基础上，形成了独树一帜的课程思想。多尔关于课程的基本观念蕴含了学生课程参与的思想。

首先，多尔的课程思想是对现代课程思想的反叛，但其同时也吸收了现代课程思想（尤其是施瓦布、杜威等人的课程思想）中的诸多精华。张华等人指出，"多尔主张理论应当植根于实践并发展于实践，这种观点实际上是假设'实然'（ises）可以转化为'应然'（oughts），这就把'转化'（transformation）这一概念视为课程的核心——转化课程资料、课程过程、课程思想、课程的参与者"②。这里，教师和学生作为课程主体的身份得到了确认，他们彼此交互作用，自由地参与课程开发，其所拥有的把"实然"转化为"应然"的创造本性能在课程发展实践中得到展现。在吸

① 裴新宁：《化学学习评定及其策略——建构主义评价观给化学教学的启示》，《化学教学》2001年第11期。

② 张华、石伟平、马庆发：《课程流派研究》，济南，山东教育出版社，2000，第369页。

收杜威的教育无目的论的基础上，多尔进一步主张课程目标应是开放的、发展的，其产生于教师之间、师生之间、生生之间的相互交往与对话的过程之中，并在行动中得到调整。在多尔看来，知识具有不确定性，故课程建设的动态性特质应该被一再强调。在课程实施（狭义理解即教学）中应关注教学的动态生成性，构建由教师和学生组成的"课程共同体"，让其联合参与对既定课程的再开发和再创造。正如多尔所言："我相信，这意味着鼓励、要求教师和学生通过彼此间的交互作用而自由地开发他们自己的课程。"[①]

其次，多尔关注自组织的作用。多尔认为干扰作用是发挥自组织作用的重要条件，但只是必要条件，"只有当环境具有足够的丰富性和开放性……时，干扰作用才能引发自组织过程"[②]。从课程的角度看，"这就要求课程具有多样性、疑问性和启发性，而且需要一种促进探索的课堂气氛"[③]。从学生的角度看，学生要能分析、研究教师所提供的资料。多尔把学生看作自组织系统，强调学生在课程开发中的创造性和自我控制的能力。在他看来，课程是开放的，学生作为主体，是通过自组织的反思过程来创造课程的。可见，多尔在关于自组织的阐释中充分肯定了学生的主体身份，为学生课程参与提供了重要的思想支撑。

再次，多尔注重隐喻的、叙事的等解释性的思维方式。这种解释性的思维方式，充满着足够的"不确定性"，它假设意义是通过对话建构的，这就意味着课程具有建构性，其意义是通过学习者与文本展开对话而生成的。据此，后现代课程观就孕育出了"课程的建构性"概念。正如多尔在《后现代课程观》一书中所述，"我将这一章的题目定为'构建一种课程模体（matrix）'是为了强调后现代课程的建构性和非线性特点"[④]，在多尔看来，建构主义课程不是预先设定好的课程，而是通过参与者相互作用形成的课程，具有明显的动态生成性。但作为一种模体，建构主义课程内部有着诸多交叉点或焦点，充满相关的意义网络，其意义会随着这些交叉点或焦点的增多而变得更加丰富。

最后，多尔集中阐释了后现代课程的丰富性（richness）、回归性（re-

---

① Doll，W. E.，1993："*A Post-Modern Perspective on Curriculum*"，New York，Teachers College Press，163.

② 同①，164。

③ 同①。

④ 〔美〕小威廉姆·E. 多尔：《后现代课程观》，王红宇译，北京，教育科学出版社，2000，第230页。

cursion)、联系性（relations）和严密性（rigorous）四个基本标准，简称为 4R，与泰勒原理形成鲜明对比。丰富性即"课程的深度、意义的层次、多种可能性或多重解释①。回归性即"一个人通过与环境、与他人、与文化的反思性相互作用形成自我感的方式"②，这种"循环性反思"是转化性课程的核心。多尔进一步指出，"回归与重复不同，……重复是现代主义方式的重要因素，旨在促进预定的表现。它的框架是封闭的。回归旨在发展能力——组织、组合、探究、启发性地运用某物的能力。它的框架是开放的。重复和回归的功能性差别在于反思在其中的作用。在重复中，反思发挥消极作用；……在回归中，反思发挥积极作用"③。联系的概念对后现代转变性课程在两个主面具有重要意义：教育方面和文化方面。教育方面的联系一个焦点在于"课程结构的内在联系，这些联系通过回归性发展课程的深度"④。这里有两大活动伴随其中，即"做事情"和"做事情的过程中的反思"。其拓展和丰富了课程，课程的过程性特质被凸显出来。文化方面的联系是指"课程之外的文化或宇宙观联系，这些联系形成了课程赖以生存的大的模体"⑤。这点强调了课程的诠释性特质。文化方面的联系强调了文化的背景性，全球化的主张使文化关联超越了个人而扩展到生态系统，彰显了课程的文化生态性。严密性可被界定为不确定性和解释性的组合。在多尔看来，严密性是四个标准中最重要的标准，"它防止转变性课程落入'蔓延的相对主义'或感情用事的唯我论"⑥。在多尔看来，严密性与不确定性、解释性联系在一起，主要指不过早地提供一个正确的答案，而是要将所有观点进行组合，"严密性意味着有目的地寻找不同的选择方案、关系和联系"⑦。

综观多尔的后现代课程观，其倡导课程的开放性，反对封闭性；倡导多元、对话，反对集权、权威；等等。通过提出这些主张，多尔针锋相对地批判了传统的课程开发模式，突出了教师和学生在课程中的地位和作用，试图解决理论与实践之间的分歧。在具体的课程观上，多尔强调课程的不

---

① 〔美〕小威廉姆·E. 多尔：《后现代课程观》，王红宇译，北京，教育科学出版社，2000，第 250 页。

② 同①，第 253 页。

③ 同①，第 254 页。

④ 同①，第 255 页。

⑤ 同④。

⑥ 同①，第 258 页。

⑦ 〔美〕小威廉姆·E. 多尔：《后现代课程观》，王红宇译，北京，教育科学出版社，2000，第 260 页。

确定性，明确提出"课程的建构性"，注重利用自组织系统，关注学生与文本的对话，生成课程意义等。这些主张突出了学生在课程中的地位和作用，为学生课程参与提供了理论支撑。正如一些学者所言："后现代主义课程是提供给学生的现实机遇，是学生在现实机遇中的生成与创造过程。"①

上述课程观都蕴含着丰富的学生课程参与思想，为学生课程参与提供了重要的思想支撑和学理依据。除此之外，学生课程参与还有政策基础和实践基础，政策基础使学生课程参与具有合法性，实践基础则使学生课程参与具有可行性。当下教育民主化进程的加快，课程管理制度的变革，尤其是三级课程管理制度赋予地方和学校课程权力，客观上为学生课程参与创造了良好的制度空间；"课程共有"政策追求课程权力主体的多元，为学生课程参与提供了重要的政策支持；而学生课程参与又反过来进一步推进课程实践的转向，进而形成良好的课程发展生态。后文对此将进行论述，这里暂不展开。

① 靳玉乐、于泽元：《后现代主义课程理论》，北京，人民教育出版社，2005，第324页。

第三章　学生课程参与的结构与层次

　　本章集中对课堂中学生课程参与的结构、层次加以分析。课堂中学生的课程参与活动存在不同的维度，如认知维度、情感或社会维度及自我维度，这些维度以及它们之间的关系构成了学生课程参与的结构。关于学生课程参与的层次，本研究参考古德莱德有关课程运作层次的观点，将课堂中学生课程参与划分为三个层次。

第一节　学生课程参与的结构

　　结构即"各个组成部分的搭配和排列"①。学生参与课程活动存在不同的维度，维度与维度之间的搭配和排列等构成了学生课程参与的结构。在以往关于课堂中学生课程参与结构的探讨中，日本学者佐藤学提出的学习的三位一体论较具有启发意义。佐藤学认为："所谓'学习'，是同事物（客观世界、教材）的对话，同他人（朋友、教师）的对话，同自身的对话。这是一种文化的、社会的、伦理的实践。通过这三种对话的实践，我们能够建构知识和经验的意义，建构人际关系，形成自身的内心世界的意志、思考与情感。我就是这样把'学习'视为三种状态来认识——建构客观世界之意义的'认知性实践'，建构伙伴关系的'社会性实践'，探索自身模式的'伦理性实践'，并且倡导'学习的三位一体论'的。"②刘宇则认为："学生课程参与的结构不仅限于认知维度，还包含情感或社会维度，以及主体性体验、确证与发展的自我维度。不同维度彼此交织，形成复杂

---

　　① 中国社会科学院语言研究所词典编辑室：《现代汉语词典》，北京，商务印书馆，2016，7版，第666页。

　　② 〔日〕佐藤学：《课程与教师》，钟启泉译，北京，教育科学出版社，2003，第376~377页。

的学生课程参与图像。"①　借鉴上述观点，本章接下来将从认知维度、社会维度和自我维度三个方面来探讨课堂中学生课程参与的结构问题。

一、认知维度

前文已述，课堂中学生课程参与的本质是意义建构，即学生基于已有的知识、经验来理解和建构课程，创生课程意义。这一过程强调学生建构知识，关注学生理智上的投入和认知水平。课堂中学生主要的学习对象是学科知识，其是人类在认识和实践过程中积累下来的优秀的文化结晶，是宝贵的间接经验。西方有学者认为，学生参与课堂任务时总是涉及两个维度：社会关系维度和学科内容维度。其中，学生参与学科内容的建构时，起重要作用的是学生的心理投入。它指向学生对教材中的知识、思想等的学习和掌握，这个过程也就是认知心理学所探讨的认知过程。

认知心理学是专门探讨人是如何学习知识与运用知识的学科，关注人在学习学科内容时所进行的记忆、思维等认知活动及其运作机制。如在信息加工学习理论中，加涅构建了学习和记忆的信息加工模型，并基于这套模型分析了学习过程的八个基本阶段。关于知识的存储问题，布鲁纳提出了认知结构学习理论，强调了认知结构在学生学习中的重要性。布鲁纳主张，"学习就是发展和调整内在的认知结构（编码系统）的过程。学习者要把同类的事物联系起来，赋予它们意义，并把它们按照一定的结构组合起来"②。在借鉴认知结构学习理论的基础上，布鲁纳强调学科结构，认为学生在学习过程中的首要任务是理解一门学科的基本结构，即由基本概念、原理等构成的整体知识框架。同时期的另一位心理学家奥苏贝尔则提出了有意义学习理论，着重探析了学生原有认知结构与新的学习任务之间的关系，提出了著名的同化和顺应理论以及先行组织者概念，阐释了个体学习的心理机制。后来的建构主义学习理论，进一步阐述了意义建构中的学生认知参与问题，揭示了知识的建构原理。此外，围绕如何促进学生认知水平的提高，如何促进学生学习等问题，著名心理学家维果斯基提出了最近发展区理论，强调教师要在智力层面上创造更多的最近发展区，促进学生的发展。

课堂中学生课程参与的认知维度凸显的是学生的"认知性实践"，主要反映学生基于已有的知识和经验对课程文本的理解和建构。这类参与贯

---

① 刘宇：《学生课程参与的内涵、结构与类型》，《教育发展研究》2012 年第 2 期。

② 陈琦、刘儒德：《教育心理学》，北京，高等教育出版社，2011，2 版，第 138 页。

穿于课前预习、课中理解和课后反思等环节。在这个维度上，学生通过初步感知、研读、透析、评判、反思等途径与课程文本展开对话，完成对既定课程的建构，实现课程知识由公共知识向自身个体知识的转化，达成课程知识意义的创生。显然，这里的认知性实践主要指向课程知识的个体建构。事实上，课程知识的建构是个体建构与社会建构的交织与统一，这里是为了论述的方便先阐述了个体建构，下面我将介绍课堂中学生课程参与的社会建构（即社会维度）。

二、社会维度

课堂中学生的课程参与既有个体维度，又有社会维度，前者凸显的是学生基于个体经验的认知性参与，后者凸显的是学生基于社会文化的社会性参与。有关课堂中学生课程参与的社会维度，国内研究者刘宇提供了一个颇具有启发意义的分析架构，其认为社会维度的学生课程参与可从学生的身份、声音等层面来加以探讨。[①] 本研究在吸收已有研究成果的基础上，围绕学生声音、课程权力、主体身份等几个方面来揭示课堂中学生课程参与的社会文化元素。

学生声音是考查学生社会性参与课程活动的重要切入点。学生的声音蕴含着特定的社会文化和权力元素，学生声音的大小代表其在课程中的地位和课程参与程度的高低。课堂中学生的课程参与不纯粹是认知性参与，其还是社会性参与，后者的表现形式之一是学生在课堂上发言。佐藤学指出："在儿童做出某种内容的发言所用的话语中，交织着该儿童同教师与伙伴之间的关系。通过其发言，构筑着该儿童同教师与同学的关系。因此，在理解这种发言时，不仅要理解该发言是在谈论教材的哪些内容，而且必须认识到，该发言是受到前面谁的话语所触发而产生的，是要求同谁构筑怎样一种关系而发言的。"[②] 近年来，渐受关注的协商课程、对话教学的研究恰恰彰显了学生在课程与教学中的声音得到了正视，预示着课程与教学文化未来的一种走向。

社会维度的学生课程参与还体现在学生课程权力及其课程主体身份的获取上。学生课程参与是伴随着教育民主进程的推进，课程政策主体多元化的彰显，课程由官方控制走向多元权力主体间的协商、妥协等情况而出

[①] 相关分析参见：刘宇：《意义的探寻——学生课程参与研究》，华东师范大学学位论文，2009，第77~80页。

[②] 〔日〕佐藤学：《课程与教师》，钟启泉译，北京，教育科学出版社，2003，第377~378页。

现的。长期以来，学生在课程发展和变革中的声音被严重屏蔽，学生的课程主体性被遮蔽，学生处于课程事务的边缘。课堂中学生的课程参与一定程度上恢复了学生作为课程权力主体的身份，凸显了课程权力拥有者的转变。事实上，学生课程权力的获取必然会伴随着学生课程主体身份的被承认。

　　除了声音，学生身份也是考量学生课程参与的社会维度的重要元素。何谓"身份"？《现代汉语词典》的其中两种解释是：自身所处的地位和受人尊重的地位。① 可见，身份与地位密切相关，学生身份的背后反映的是学生在课程发展和变革中所处的地位。学生课程参与意味着学生在课程发展和变革中由缺席的受益者到主体，由边缘人到合法的参与者，由信息的提供者到合作者的身份的转变，意味学生在课程发展和变革中地位的提升。具体到课堂中的学生课程参与，其昭示着学生是课堂的主人，以主体的身份参与课程实施，理解和建构着课程，实现课堂中的意义建构。

　　若进一步将学生课程参与放到更大的文化背景中，便可以发现这个过程充斥着学生文化与课程文化、成人文化与儿童文化等的对话与冲突。学生参与课程一定是学生基于自身的文化背景去理解和建构富含社会文化元素的课程，这中间就有可能存在代表社会主流文化的课程文化与作为学校亚文化的学生文化的对话与冲突。课程文化时常以主流文化自居，有一种凌驾于学生文化之上的姿态，学生课程参与昭示着学生在一定程度上对优势课程文化的合理抗争，如质疑课本内容的严谨性等。此外，学生课程参与还会受到学校的社团文化、班群文化等多重文化因素的影响。说到底，学生参与课程是个体文化与社会文化互融共生的过程。另外，课堂中学生的课程参与必定涉及学生与教师、学生与学生等多元文化主体之间的互动，学生在进行个体自我知识建构的同时也在进行人际关系的建构，而教师和学生之间的互动蕴含着成人文化与儿童文化的冲突与调和。从课程发展和变革的历史来看，课程始终是被成人文化控制着的，儿童文化长期处于被压制的状态，学生课程参与从另一个侧面反映出儿童文化对成人文化的反抗，以此来争取自己在课程中应有的地位。儿童文化与成人文化的冲突与调和充斥着学生课程参与的全过程，构成了学生课程参与的深层张力。

　　课堂中学生课程参与的社会维度强调学生的"社会性参与"，将学生的课程参与放到了更大的社会文化场域中，凸显了学生在课程发展中的话

---

　　① 中国社会科学院语言研究所词典编辑室：《现代汉语词典》，北京，商务印书馆，2016，7 版，第 1158 页。

语表达、权力争取等社会行为。

三、自我维度

除了上述认知维度和社会维度外，学生课程参与还包括自我维度。自我维度主要强调课堂中学生的课程参与是一种主体体验式参与，即学生在参与课程时必将投入自己的经验、情感和价值观，因此学生参与课程的过程是其体验和感悟自我生命的过程。换言之，学生对课程文本的理解一定是基于自己的"成见"的，学生与课程文本进行对话，最终进入课程内容的深处，建构其内涵及思想意蕴。此时，课程参与成为学生生命存在的一种方式，学生"既是一个行动者，又是一个接受者，既是一个参与着的观察者，又同时是一个观察着的参与者"①。此时，对学生而言，教室不再是他们对枯燥、抽象的知识进行记忆的场所，而是成为充满生命律动、让生命焕发活力的场所②。

换一个角度看，自我维度的学生课程参与发生在课堂层面，就是课堂中学生的体验学习。体验学习是由库伯（D. A. Kolb）教授提出并予以系统研究的一个概念。库伯认为："学习是体验的转换并创造知识的过程。这一界定强调了体验视野中学习过程的几个重要方面：第一，强调适应与学习的过程，而不是内容或者结果；第二，知识是一个转换的过程，是连续不断的创造与再创造，……第三，学习转换的体验包括主观形态和客观形态两种体验；最后，要理解学习，必须理解知识的本质是什么，反之亦然。"③ 库伯认为体验学习由具体体验、反思观察、抽象概括和行动应用④四个部分构成，其形成了一个"体验学习圈"。体验学习主张学习者在特定的情境中通过亲身体验、交流来获得经验、感受，并做进一步的反思、概括，将其上升为理论或成果，再将理论或成果应用到具体实践中，如此循环往复，这便是体验学习的基本过程。这同课堂中学生课程参与强调的主体存在性体验有诸多相似之处，如都强调具体体验，强调过程，强调由知识到意义、价值的转换等。从知识的角度来看，体验学习是建立在参与

---

① 〔美〕波林·玛丽·罗斯诺：《后现代主义与社会科学》，张国清译，上海，上海译文出版社，1998，第 36 页。

② 闫守轩：《体验与体验教学》，《教育科学》2004 年第 6 期。

③ 〔美〕D. A. 库伯：《体验学习：让体验成为学习和发展的源泉》，王灿明、朱水萍等译，上海，华东师范大学出版社，2008，第 33 页。

④ 同③，第 35 页。

者知识观①的基础上的，是对旁观者知识观语境下接受式学习的批判性超越。体验学习强调学生在学习中将自己的经验、情感等元素融入进去，获得对课程知识的个性化理解，并在此过程中形成情感、态度、价值观，提升自己生命的境界。

课堂中学生课程参与的自我维度凸显学生的"伦理性实践"，强调学生对课程的体验式参与。结合已有研究成果，本研究将课堂中学生对课程的体验式参与分为情境体验、探究体验和交流体验等三种，后文将结合具体案例对其加以阐释。

当然，上述有关学生课程参与结构的三个维度，在实际的课堂教学过程中时常是交织在一起的。学生对课程的理解和建构既涉及认知维度，也涉及社会维度和自我维度，三者从不同侧面呈现了学生课程参与的图景，彼此相互交织、互融共生。

第二节　学生课程参与的层次

依据不同的标准，学生课程参与的内容各不相同。如果就课程开发的基本程序而言，学生课程参与主要集中在课程目标、内容、实施及评价等几个层面。如果按照主体参与的程度划分，学生课程参与可以分为边缘性参与课程决策、主体性参与课程实施和合作性参与校本课程开发等几个层面。如果从课程参与的范围看，有宏观的国家课程参与、中观的学校课程参与以及微观的课堂层面的课程参与等基本形态。如果根据学生与教师之间关系的特点划分，则学生课程参与又可分为咨询层次的参与、协作层次的参与及领导层次的参与。② 本研究认为课堂中学生课程参与主要指向课程实施层面，因此，探讨课堂中学生课程参与的层次问题就主要落脚于探讨课堂中学生参与课程实施的层次。

根据古德莱德的课程层次理论，除去理想课程和正式课程，进入实施层面的课程有领悟课程、运作课程和体验课程。因为正式课程自始至终都与其他各层次课程有着无法割裂的联系，所以，本研究将正式课程也纳入

① 参与者知识观的基本假设是：学生对知识的理解过程并不是教师传授—学生聆听的过程，学生获取知识的真实状况是学生在研究、思索、想象中领悟知识，在探究知识中形成个性化的理解。参见：高慎英，《体验学习论：论学习方式的变革及其知识假设》，桂林，广西师范大学出版社，2008，第108页。

② 肖建勇：《试论学生课程参与及其实现条件》，《课程教学研究》2013年第11期。

课程实施的范畴。如此一来，课程实施就是这四个层次的课程文本转换的过程①。考虑到学生课程参与的实际运作过程，本研究将课堂层面的课程归为三个层次，即正式课程、师构课程和体验课程，每种课程对应的文本呈现形式分别为：课程计划、课程标准和教材，教案、教学札记、板书，课堂笔记、课后作业。不同层次的课程的主要主体不同（见表3-1）。

表3-1　不同层次的课程的文本呈现形式和其主体

本研究所划分的课程层次	不同层次的课程的文本呈现形式	对应的主要课程主体
正式课程	课程计划、课程标准、教材	专家
师构课程	教案、教学札记、板书等	教师
体验课程	课堂笔记、课后作业等	学生

据此，学生课程参与的层次就相应表现为学生参与正式课程、学生参与师构课程和学生参与体验课程。本章拟从知识规定、文本表征和学生课程参与及其影响因素等几个方面，结合人民教育出版社2003年出版的三年级《语文》上册具体的内容设置及《我们的民族小学》的文本内容，对课堂中学生课程参与的三个层次加以阐释。

一、正式课程

正式课程是指教育行政部门预先计划和规定的内容，是师生借以开展教学交往活动，实现教育目标的重要载体。作为法定知识的正式课程到底能在多大程度上被学生内化，取决于学生对其的理解和建构的水平，尤其是学生对其的理解和建构的水平将最终决定正式课程对学生实际产生的影响。

（一）正式课程中的知识

正式课程中的知识是一种"公共知识"。公共知识是与个体知识相对应的一个概念，其又被称为"真正知识"。在西方，受理性至上观念的影响，知识通常被界定为"一种具有客观基础的、得到充分证据支持的真的

---

① 钟启泉教授将教学（狭义的课程实施）视为对话。对话的过程有可能涉及文本。对文本的理解需要从文本生产—文本接受的整个过程来把握。教学活动中的文本有其特殊的情境性，因此，这里所说的文本不是一般意义上的文本，而是课程文本。参见：钟启泉：《对话与文本：教学规范的转型》，《教育研究》2001年第3期。

信念"，而非"个人的意见、经验或缺乏证据支持的主观信念以及没有根据的幻想、猜测、假设"。① 很多学者都主张知识是在人们的社会实践活动（如生产劳动、社会生活等）的基础上产生，并经过实践检验的人类认识成果。以此为据，则公共知识是获得社会承认的人类认识成果。这样看来，课程（教材）知识是有严格的标准和门槛限定的，那些未经抽象、概括的感性经验、境遇性知识、地方性知识、个人知识等根本没有成为教材知识的可能性，它们长期被"边缘化"，甚至被漠视。可见，正式课程中的知识（或教材内容）是带有普遍性和真理性的知识，是获得"官方许可"的公共知识。公共知识以"真理"的形象呈现于各门学科的教材中，成为学生学习和掌握的对象。有研究者指出："照顾到所有受教育者及其所属群体的利益和价值观，尽量不带偏见地、客观地反映大多数人所需的公共知识是选择教科书知识的一个基本标准。"② 相对于其他知识而言，公共知识的普遍性、确定性、客观性等特征尤为突出。③

正式课程中的知识还是一种制度性知识。制度性知识"不是某一种特定类型的知识（譬如学科知识），而是由于被社会认可为具有普遍的教育价值，因而在课程与教学中具有了优先性的所有知识的统称"④。从社会学的视角来审视正式课程，则正式课程亦称"官方课程"或"法定课程"，它所包含的知识一定是在教育领域中被"合法化"的知识，即"法定知识"，未经"认可"的知识很难进入正式课程中。传统观点认为，课程知识顾名思义就是"存在于课程之中的知识"，它们除了存在于课程之中，经过一定的筛选和技术处理，有助于学生发展之外，并无任何独特之处。这种观点认为课程中的知识是中性的，不反映任何价值观或负载任何文化。事实果真如此吗？课程社会学认为，并不是所有知识都能有幸成为课程知识，只有那些符合社会"合法化"标准的知识才能被纳入课程，也即"只有那些经过社会认定的、'适合'进入学校的知识才能成为'课程知识'。在这里，'适合'与否的标准不只是个技术标准，也不只是从儿童身心发

---

① 潘洪建、王洲林：《理性至上教学知识观批判》，《西昌学院学报（社会科学版）》2005 年第 1 期。

② 王永红：《论教科书知识的客观性》，《课程·教材·教法》2012 年第 7 期。

③ 所谓普遍性是指，公共知识是人们普遍认同和接受的知识；所谓确定性是指，这种知识相对而言具有稳定性或真理性；所谓客观性是指，公共知识反映了事物的本来面目，它不会因个人的主观意志而发生变化。参见：陈佑清、李丽：《个人知识与体验性课程》，《湖北大学成人教育学院学报》2003 年第 6 期。

④ 杨明全：《制度性知识与课程——合理性批判与新课程观的构建》，《全球教育展望》2006 年第 6 期。

展的规律中得出的，它往往是一个'价值标准'和'利益标准'"①。正如阿普尔所说："课程作为一种事实，不是孤立的存在。相反，课程具有特定的社会形式，并体现了某些利益，这些利益均是支配群体与从属群体相互之间及其内部不断斗争的结果。课程不是某些抽象过程的产物，而是通过各种可以识别的社会运动和社会群体的冲突、妥协及联盟得以产生的。"② 可见，任何课程中的知识都绝非文化无涉的，其一定受到了社会权力的影响和控制，负载着特定价值，体现着特定社会的主流意识形态。从这个意义上说，正式课程中的知识实际上又是一种受控制的或被规训的制度性知识，它一般具有这样一些共同特征："第一，这种知识是在现代被视为真理与真实的学术（科学、技术与艺术）中，被政府、教育部的审定这一'滤纸'通过的知识。第二，这种知识是可以给儿童'明白地传递'的，……第三，这种知识在许多场合是现代学术中已经明确的结论（正解）。亦即，儿童无须经过学术的论争、辩论来学习，……第四，这种知识由于是上述所限定的框架内的知识，不能超越这种框架。"③

下面我们以义务教育课程标准实验教科书三年级《语文》上册（2003年第1版，人民教育出版社出版）为例，说明正式课程中的知识。该书共有8个主题单元，每个单元有4篇课文，其中3篇为精读课文，1篇为略课读课文。教材后半部分还提供了8篇选读课文，总共40篇课文，具体信息见表3-2。

表3-2 三年级《语文》上册课文设置情况

单元及其主题	课文名称
单元一 多彩的生活	"我们的民族小学""金色的草地""爬天都峰""槐乡的孩子"
单元二 名人故事	"灰雀""小摄影师""奇怪的大石头""我不能失信"
单元三 心中的秋天	"古诗两首""风筝""秋天的雨""听听，秋的声音"

---

① 郭晓明：《课程知识与个体精神自由——课程知识问题的哲学审思》，北京，教育科学出版社，2005，第194~195页。

② 转引自李召存：《课程知识的教育学属性追问》，《全球教育展望》2007年第10期。

③〔日〕佐藤学：《课程与教师》，钟启泉译，北京，教育科学出版社，2003，第22页。

续表

单元及其主题	课文名称
单元四 细心观察	"花钟""蜜蜂""玩出了名堂""找骆驼"
单元五 灿烂的中华文化	"孔子拜师""盘古开天地""赵州桥""一幅名扬中外的画"
单元六 壮丽的祖国山河	"古诗两首""富饶的西沙群岛""美丽的小兴安岭""香港，璀璨的明珠"
单元七 科学的思想方法	"矛和盾的集合""科利亚的木匣""陶罐与铁罐""狮子和鹿"
单元八 献出我们的爱	"掌声""一次成功的实验""给予树""好汉查理"
（本册书提供 的选读课文）	"不懂就要问""做风车的故事""五花山""六个矮儿子""神笔马良""字典公公家里的争吵""喜欢音乐的白鲸""信箱"

以这本教材的课文为例来审视正式课程中的知识，我们发现，在教材中，公共知识、明确知识、官方知识和制度性知识是绝对的主流，这些知识无一例外都蕴含着丰富的文化内涵①。国家力图通过这些法定的知识，让学生形成正确的世界观、人生观和价值观；让学生感受生活的美好，激发他们热爱生活、热爱自然的真挚情感；让学生感悟祖国山河的壮丽，培育学生热爱祖国的情怀；让学生品悟中华文化的博大精深，激发学生的民族自豪感；塑造学生优秀的人格品质，培养其高尚的道德情操；等等。可见，正式课程中的知识负载着从家国情怀到道德修养，从对壮丽山河的赞美到对灿烂文化的颂扬等诸多目标。

需要说明的是，尽管从概念上说，课程与教材属于上下位关系，课程知识是比教材知识更加上位的概念，但在课堂层面，正式课程主要是以教材文本的形式呈现的，课堂中正式课程知识主要指教材知识。因此，下文中阐述学生对正式课程的理解和建构主要是指学生对教材知识的理解和建构。

---

① 语文教材是重要的文化产品，具有丰富的文化内涵。小学语文教材集中承载着一个社会特定的教育目的和要求学生必须掌握的知识和文化，对学生的发展产生着深刻的影响。

（二）正式课程的文本呈现形式

在归纳欧用生①、古德莱德②等学者有关正式课程的文本呈现形式的观点的基础上，本研究认为，正式课程的文本呈现形式主要有课程计划、课程标准和教材。

1. 课程计划

课程计划又称教学计划（2001 年之前的称谓），本研究中的课程计划主要是指我国普通中小学的课程计划。课程计划规定着学校课程设计的总体方向，体现着国家对学校的统一要求。课程计划在框架结构上通常包括序言、培养目标、课程设置与安排、考试考查、实施要求等几个部分③。

2. 课程标准

课程标准又称教学大纲（2001 年以前的称呼），它是指"在一定课程理论指导下，依据培养目标和课程方案以纲要形式编制的有关课程的性质与价值、目标与内容、教学实施建议以及课程资源开发等方面的指导性文件"④。课程标准通常按学科编制，由前言、课程目标、课程内容标准、课程实施建议及术语解释等几个部分组成。下面是教育部制定的义务教育语文课程标准（2011 年版）的目录。

义务教育语文课程标准（2011 年版）目录

第一部分　前言

　　一、课程性质

　　二、课程基本理念

　　三、课程设计思路

———————————

① 欧用生在阐释古德莱德课程思想时认为，正式课程是教育行政部门认可且被学校或教师采用的东西。它也体现在某些文本中，如课程标准、课程表、教材等。参见：欧用生：《课程发展的基本原理》，高雄，复文图书出版社，1991，第40页。

② 古德莱德认为，正式课程是指由教育行政部门规定的课程计划、课程标准和教材，也就是列入学校课程表中的课程。参见：施良方：《课程理论——课程的基础、原理与问题》，北京，教育科学出版社，1996，第9页。

③ 序言部分的内容包括制订课程计划的依据、制订和实施课程计划的指导思想和基本原则。培养目标部分的内容包括统一的目标要求以及小学阶段、中学阶段的具体目标。课程设置与安排部分的内容包括：小学和中学各设置哪些学科和安排哪些活动，各门学科和各项活动的基本要求，全学年上课、复习与期末考试、学校传统活动、社会实践活动和假期的时长，各学年每周各门学科、各项活动和给地方自主安排的课时数，等等。考试考查方面的内容包括考核的性质、学科、范围、次数、方式以及命题权限。实施要求指就执行该计划提出的若干要求。

④ 王道俊、郭文安：《教育学》，北京，人民教育出版社，2016，7版，第123页。

（三）教材

教材有广义和狭义之分。广义的教材是指"教师和学生据以进行教学活动的材料，教学的主要媒体。是依据国家的教育方针和课程标准，为实现一定的教学目标开发，编写而成的。它既包括以教科书为主体的各种文字材料，又包括各种视听教材、电子教材以及来源于生活实践的现实教材等"[①]。狭义的教材专指教科书，即根据课程标准编制的教学用书，又称课本。教科书是一门课程的核心教学材料，通常由目录、课文（教材主体部分）、习题、注释和附录等部分构成。随着现代科技的快速发展，教材的载体也日益多样化。本研究中的教材内涵取其狭义。

作为正式课程的重要文本形式，教材为教学活动提供了重要的内容，师生、生生间的课堂交往、对话因此有了"抓手"。随着课程理论研究的深入，传统说法中有关教材是"蓝本"的隐喻逐渐式微，"文本"的隐喻愈发流行，即教材不再充当教师的"施工蓝图"，而是充满可能性和意义空间的"球赛方案"或"乐谱"。这一变化势必会带来师生对教材处理方式的变革：在课堂教学中，教师由"教教材"转向"用教材教学生"，学生由"学习教材"转向"通过教材学习"。若从社会学的视角来审视教材，

---

① 《中国大百科全书》编委会：《中国大百科全书》11，北京，中国大百科全书出版社，2009，2版，第429~430页。

则教材是典型的"政治文本"，富含社会主流意识形态和价值观，在传播社会主流声音的过程中扮演着举足轻重的角色。

（四）学生参与正式课程的含义以及影响因素

1. 学生参与正式课程的过程也是其对教材进行"二次开发"的过程

从正式课程的文本呈现形式来看，课程计划和课程标准的制定者是国家和政府组织的专家、学者，学生几乎没有参与的可能性；即便是教师，也很难有介入的机会。从学生实际的能力来说，课堂层面学生参与正式课程主要就落在对教材的理解和建构上，它主要通过对教材的"二次开发"来完成。

教师和学生对教材的"二次开发"主要是指"教师和学生在实施课程过程中，依据课程标准对既定的教材内容进行适度增删、调整和加工，合理选用和开发其他教学材料，从而使之更好地适应具体的教育教学情景和学生的学习需求"①。克拉克（D. Clarke）一直关注学生参与教材开发的问题，在其代表作《教材改编：为何将一切留给教师》中，克拉克系统阐述了学习者是如何参与对教材的"二次开发"的。他提出了学习者参与教材开发的几类角色：学习者作为积极的反应者、学习者作为教材的编写者和合作者、学习者作为问题的解决者、学习者作为认识者、学习者作为评价者和评估者。② 关于学生参与教材"二次开发"的方式，加德纳（D. Gardner）和米勒（L. Miller）在论及学生与教材的关系时提出："学生可以用不同的身份为教材发展作贡献，如教材反馈的提供者、教材的合作编写者、教材的独立编写者、真实材料的提供者。"③ 综合上述有关分析，本研究将学生参与教材"二次开发"时的角色划分为四种，分别为教材反馈的提供者、真实教材的提供者、教材的合作改编者和教材的独立编写者。不同的角色反映出学生对正式课程理解和建构程度的差异。

当学生作为教材反馈的提供者时，学生是信息的来源，其在教学过程中的建议或意见开始得到关注。这些建议或意见为教材内容的选择和"二次开发"提供了依据。此时学生参与课程的力度很小，属于初级参与阶段。当学生作为真实教材的提供者时，学生不再是被动的"影响因子"或

---

① 俞红珍：《教材的"二次开发"：涵义与本质》，《课程·教材·教法》2005年第12期。

② Clarke, D., 1989: "Materials Adaptation: Why Leave it All to the Teacher?", *ELT Journal*, 2.

③ Gardner, D., Miller, L., 1999: "*Establishing Self-Access: From Theory to Practice*", New York, Cambridge University Press, 105.

符号化存在，他们开始基于各自的兴趣和需要，能动地找寻课堂外的相关学习材料，对既定教材进行初步的拓展、补充或替换等。当学生作为教材的合作改编者时，学生的地位已经提升，此时的学生开始以平等的合作者的身份与教师一起对教材进行"二次开发"，学生可积极发挥自己的主观能动性，尝试改编、设计教材，从而使教材由外在的、客观的"他物"变为自己的教材。当学生作为教材的独立编写者时，学生参与正式课程的程度达到了最理想的状态。这时的学生是真正的课程主体，他们基于自己的知识和经验对正式课程（教材）进行意义建构，创生新的课程意义。这也是学生参与教材"二次开发"最理想化的状态。

学生对教材进行"二次开发"的过程，其实质是学生基于个体知识和经验对正式课程文本进行重新建构的过程，即学生对教材的一种加工、创造的过程，也是他们转化教材知识的过程。可见，作为正式课程文本的教材中的知识代表的是公共知识，其要转化为学生的个体知识，就必须经过学生的理解和建构。教材中的知识若没有经过学生的诠释、理解或再加工，就不可能真正被学生内化，转化为学生的精神财富。彼时，这些知识即便被学生拥有，充其量也只能算作被"占有"，依然难掩其公共知识的属性。

2. 影响学生参与正式课程的因素

一般来说，影响学生参与正式课程，理解和建构正式课程的主要因素有学科知识的特点、学生已有的知识和经验、学生的家庭背景、教师和同伴等重要"他人"的影响等。

（1）学科知识的特点

从上文可知，学生参与正式课程发生在课堂层面，主要指向学生对国家既定教材的开发，而教材又系统地反映了学科内容，学科知识的特点是影响学生参与正式课程的重要因素。从大的学科领域来划分，学校中的学科知识可以分为人文社会类学科知识和自然科学类学科知识。

人文社会类学科知识主观性强，其本身的价值、意义丰富而多维，如文学、艺术作品（对于作者而言是"成品"，而对于读者来说则是"半成品"）对读者所呈现的意义要远比作品的原意宽泛，这就给学习者（或读者）的意义建构留下较大的空间。意义建构可通过情感体验、投射、移情等方式实现。自然科学类学科知识的客观性比较强，相对于人文社会类学科知识而言，其相对而言具有稳定性和较大的确定性，这就使得自然科学类学科知识可供学习者意义建构的空间较小，学习者对其的意义建构方式主要表现为认知维度，以达到与客观世界一致。

（2）学生已有的知识和经验

课堂中学生对教材进行"二次开发"的过程也即学生学习的过程。教育心理学方面的研究早就表明：学习不是家长、教师等从外部向学习者传递知识的过程，而是学习者主动建构自己知识的过程。学习者不是被动的信息吸收者，而是意义的主动建构者，这种建构不可能由其他人代替。[1]由此可见，课堂中学生对教材的加工是一种积极主动的建构过程，学生已有的知识和经验是影响其参与正式课程的另一个重要因素。超越表层的知识掌握（应知应会层次），学生若想通过学习正式课程获得精神成长和意义滋养，就必须对正式课程进行建构。"学生已有的知识和经验准备以及智力方面的成熟度将直接影响其能否与所要建构的课程之间产生关系（同化和顺应）。学生个体的知识和经验准备得越充分，就越能很好地理解当前的课程内容，对学习就越有内在的兴趣。"[2]若学生缺乏相应的知识和经验，就有可能片面地理解甚至误解课程内容。

（3）学生的家庭背景

学生的家庭背景也是影响学生参与正式课程的因素之一。伯恩斯坦（B. Bernstein）认为人们日常使用的语言实际上是一种文化代码，它显示着言语者的文化特征。有两种基本的文化代码：一种是精致代码，其主要特征是具有普遍性与关联性，通常存在于上中等社会阶层的语言；另一种是受制代码，其主要特征是具有特殊性与孤立性，通常存在于下等社会阶层的语言。[3]用该理论的视角来审视学校课程（主要是正式课程），发现其精选的是具有普遍性、关联性的知识，比较符合精致代码的特质。依照这种理论，来自使用精致代码的家庭的学生对于学校课程就较易接受，理解起来相对轻松，而来自使用受制代码的家庭的学生则较难理解和接受学校课程。由此可见，学生的家庭背景影响其对正式课程的理解和建构。此外，学生理解和建构课程时所依据的情境知识、生活经验等都是根植于社会文化的，其中就包括学生个体所在家庭的文化。

（4）教师和同伴等重要他人的影响

学生在建构知识的过程中离不开教师的支持和引导，教师对学生参与正式课程，更好地开发教材、理解和诠释教材中的知识等活动发挥着重要作用。在教学过程中，当学生对课程的理解、建构不够深入，甚至存在偏

---

① 冯忠良、伍新春、姚梅林、王健敏：《教育心理学》，北京，人民教育出版社，2000，第168页。

② 吴支奎：《论体验课程》，《教育理论与实践》2011年第8期。

③ 转引自吴康宁：《教育社会学》，北京，人民教育出版社，1998，第334页。

差时，教师要通过追问、启发等方式及时帮助学生梳理思路，引导其加深对某部分知识的建构。相对于教师作为支持者和引导者的角色而言，同伴则是学生开发教材、建构知识的有力帮手。我认为由于生活经验和理解水平的相似性，学生比较能够接受和吸收同伴的经验，继而加深自己对课程的理解。同伴之间的冲突和质疑对学生的影响更大，它往往会导致学生的经验在和同伴协商对话的基础上得到重组。① 由此可见，教师的引领和同伴的帮助关乎学生对正式课程的理解和建构的水平，是影响学生参与正式课程的重要因素。

二、师构课程

吴康宁从社会学的角度将课程划分成法定课程和师定课程，其中师定课程是指教师重构后的课程。② 为区别于社会学视角的界定，本研究将教师重构的课程称作师构课程，以便与前文中的正式课程（不用法定课程）的称谓相呼应。师构课程是课堂中实际运作的课程，教师重构正式课程，实现课程的转换是教学得以进行的必要条件。在古德莱德的五类课程形态中，领悟课程和运作课程可被纳入师构课程的范畴，因此本研究中的师构课程实际上包括领悟课程和运作课程两个层面的课程。

（一）师构课程的知识

本研究中的师构课程包括领悟课程和运作课程两个层面，因此，其知识的构成中既有教师重构课程后形成的教学知识，同时又含有学生参与互动所形成的部分知识。一定意义上说，师构课程知识是两种知识的混合体，是在具体的教育情境中师生共同创造的教育经验。通常情况下，我们论及的师构课程中的知识多指由教师重构正式课程后所形成的教学知识。关于教学知识的内涵，学术界尚无统一的界定，一般认为，其属于教师知识的范畴。

有关教学知识的研究，最早由著名教育理论专家舒尔曼（L. S. Shulman）展开。他将教师的教学知识分为七类，即学科知识、一般性教学知识、课程知识、学科教学法知识、有关学习者及其特点的知识、教育情境知识，以及关于教育目的、目标和价值以及它们的哲学和历史基础的知识。③ 格

---

① 吴支奎：《论体验课程》，《教育理论与实践》2011 年第 8 期。
② 相关分析参见：吴康宁：《教育社会学》，北京，人民教育出版社，1998，第 330~333 页。
③ Shulman, L. S., 1987："Knowledge and Teaching：Foundations of the New Reform"，*Harvard Educational Review*，1.

罗斯曼（P. L. Grossman）在舒尔曼的定义的基础上做了进一步的阐述，他认为教师的教学知识包括公共知识、学习者及其学习的知识、一般教学法知识、课程知识、教学情境知识和自我的知识。[1] 埃尔巴兹（F. Elbaz）认为教学知识主要包括学科知识、课程知识、教学知识、教学环境知识等。[2] 范良火聚焦数学学科，将教师的教学知识定义为教师就关于怎样进行数学教学所知道的东西，其包含以下三个方面的内容：教学的课程知识——关于包括技术在内的教学材料和资源的知识；教学的内容知识——关于表达数学概念和过程的方式的知识；教学的方法知识——关于教学策略和课堂组织模式的知识。[3] 综上所述，尽管学者们对教师的教学知识有不同的看法，但还是有一些基本的共识，即教师的教学知识一般包括课程知识、教学的内容知识及教学的方法知识。本研究所提及的教学知识主要指前两个方面的知识，即课程知识和教学的内容知识。

教学知识在很多时候被狭隘地理解为教师个体的教学知识，而忽略了教学知识同时包含公共教学知识。事实上，教学知识是两类知识相互转化、有机统一的整体，共同存在于教师个人身上。一般而言，公共教学知识主要是指在教学领域内获得广泛认可的普遍有效的客观知识，通常包括关于教学的常识和习俗以及教师群体共同认可和拥有的以文字形式呈现的教学理论。这类知识是获得社会承认的认识成果，在实践中被反复证明是合理的，经得起质疑和推敲。公共教学知识具有共享性、普遍性、抽象性等特征。共享性是指公共教学知识是一种可言说的、可共享的公共资源；普遍性则指公共教学知识关注的是具有普遍意义的知识和情境，其阐释的问题具有普遍意义；抽象性强调公共教学知识是经过人们反复归纳、提炼和概括，是教师将感性经验上升到理性认识的产物。而个人教学知识一般是指个人在教学实践活动中所获得的独特感受、理解和体验等，其通常包括两种类型：一是教师对公共教学知识的理解、内化、选择，通过对公共教学知识的深刻理解和反思，将其内化为自己的认知、信念，成为具有倾向性的个人知识的一部分；二是在具体的教学实践中，教师总结出的不同于公共教学知识的知识。[4] 个人教学知识具有个体性、情境性和综合性等特征。

① Munby, H., Russell, T., Martin, A. K., 2001: "Teachers' Knowledge and How it Develops", In Wittrock, M. C. (ed.). *Handbook of Research on Teaching*, New York, Macmillan Publishing Company, 3rd ed., 887~904.

② Elbaz, F., 1983: "*Teacher Thinking：A Study of Practical Knowledge*", London, Croom Helm, 216.

③ 范良火：《教师教学知识发展研究》，上海，华东师范大学出版社，2013，2版，第44页。

④ 张阳春：《大学教师教学知识的形成研究》，山西大学学位论文，2006，第16页。

个体性指教师个人教学知识多从教学实践中获得，蕴含感性的成分（不纯粹是理性的），是教师教学智慧和艺术的结晶，留有教师个人的价值观烙印；情境性强调该类知识的特殊性和实践性，是指教学过程中教学知识的种类会伴随着教学目标、内容的不同而不同；综合性是指在教学过程中，很难将教学知识条分缕析化，教师个人教学因此呈现出整体性和混沌性。公共教学知识和个人教学知识之间相互转化，二者有机统一，构成完整的教师教学知识。

教学知识有时与课堂中的知识通用。"课堂中的知识"是指教师突破传统的作为"法定"知识的学科知识，根据自己对知识的分析与理解重构教材，再通过与学生的互动和沟通，使这种重构的知识最终转化为学生的知识。① 可见，课堂中的知识强调的是师生在具体课堂情境中对法定知识进行再创造的过程。课堂中的知识的成分主要存在下列三种状况：第一种是以法定知识为主体，其他知识与法定知识并存；第二种是以非法定知识为主体，法定知识处于受抑制的地位；第三种是没有哪一种知识占主导地位，课堂成员分别占有几种不同类型的知识（多元知识并存的状态）。从这个意义上说，学生参与师构课程绝不仅仅限于对师构课程知识的理解和建构，它同时还指向学生对正式课程知识等的理解和建构。

下面是一个例子。有一位教师对人民教育出版社出版的小学三年级语文教材上册中的课文《我们的民族小学》进行了重构。该教师基于自己已有的知识和经验，对课程文本进行了重构，将正式课程知识转化为个体教学知识，将书面语言转换成教学语言，完成了对这篇课文的个性化解读②：

《我们的民族小学》是一篇非常优美的抒情散文，文章用欢快的笔调描写了西南边陲一所民族小学里孩子们幸福、快乐地学习的场景，抒发了作者对民族大团结和各族人民间友爱的赞美，读完自豪感油然而生。课文通过对景物、人和活动的描写，突出了民族小学的美丽以及民族小学的学生们团结友爱、欢乐祥和的氛围。美丽是指各民族的小学生绚丽多彩的民族服饰装点着校园，古老的铜钟和摇曳的凤尾竹更是平添了民族小学的几分美丽。团结友爱是指各民族同学尽管在穿戴、语言和文化等方面存在差异，但都在祖国大家庭的怀抱里，幸福、快乐地学习和成长，宛如相亲相

---

① 巫肇卉：《课堂中的知识建构：教师实践的检讨》，西南师范大学学位论文，2005，第4页。

② 这是笔者整理的一位小学语文教师的说课片段。

爱的一家人。欢乐祥和是指学生们在课堂上郎朗的读书声、下课后欢快的嬉戏声，让小动物们好不羡慕，纷纷赶来"凑热闹"，构成了一派欢乐祥和的景象。

从上面的说课片段可发现，教师对既定正式课程创造性地进行了"开发"，重构了正式课程知识并进行了整合——课文中的内容被提炼成"美丽""团结友爱""欢乐祥和"等几个主题词，围绕这几个主题词，教师对原有的课程知识进行了体系化、结构化的加工，从而形成了个体教学知识。这一"开发"过程包含着两种不同层面的转换：一是教师基于个体已有的知识、经验对正式课程文本进行了重构，实现公共知识向个体知识的转换；二是教师用个性化的表达，完成了由课程文本的书面语言向个体教学语言的转换。这位教师所使用的"宛如""相亲相爱""好不羡慕""凑热闹"等语词带有鲜明的个性化表达色彩，这类教学语言的运用，有利于学生"向师性"的形成，有助于学生对课程文本内容的理解和建构。

（二）师构课程的文本呈现形式

本研究中的师构课程包括领悟课程和运作课程，其文本呈现形式为教案、教学札记、板书、电子课件等。

师构课程的文本主要以教案的形式呈现。教案是以课时为单位设计的具体教学方案，又称课时计划。从形式上看，教案是一节课的书面计划，通常包括课程名称、教学目的、课程类型、教学方法、教具、教学进程等；就本质而言，教案不单纯是一节课的书面计划，实质上它是教师根据自己的价值取向、认知水平、个性差异重组和改造、增减课程内容的结果①，体现着教师的教学素养乃至智慧。

作为教师对既定的正式课程进行重新理解和建构后的文本，教案一般具有以下几个基本特征：第一，可操作性。教案又称"课时计划"，是教师针对某一节课所做的设计，是教学活动展开之前教师所做的预备工作的最后一个环节。明确具体、可操作性强是教案必须具备的"品质"，也是课堂教学有序化、高效化的前提之一。第二，创新性。教案是教学设计的文本材料，而教学设计是一项极富创造性的活动，教师的个性会在其中有所体现。从这个意义上说，教案绝不是教师对教材内容的简单复制或搬运，它必定是教师基于个体的知识、经验对教材的重新理解、建构，创造性地

---

① 穆建亚：《课程实施中文本转换之研究》，西南大学学位论文，2007，第11页。

对教材进行开发的结果，因此具有创新性。第三，生成性。教案是教学活动开始前教师设计好的预案，具有预设性。但这并不意味着教案就是静态的、封闭的，事实上，教案同时也具备一定的开放性和动态生成性。任何一堂课的教学情境都是独特的，在这个情境中必然会存在很多不确定的因素或未知的因素，教学中"未曾预约的精彩"往往就是来源于这些不确定的或未知的因素。正因为教学过程中会涌现出许多预设外的问题，教师就不能完全按照教案中的计划进行，要灵活调控、积极引导教学活动，生成新的超出原计划的内容。以下是一位教师撰写的教案（节选）。

《我们的民族小学》（第一课时）教案（节选）①

【教学目标】

1. 通过多种形式，让学生识记"坝""傣"等5个生字，并读准字音。

2. 通过找规律、归类等方法，使学生会写文章后生字表中的生字，做到正确读出文章中的词语。

3. 通过在学生面前领读、有感情地朗读课文，引导学生读出对民族小学由衷的赞美之情。

4. 通过指导学生搜集、整理资料，帮助学生了解我国部分少数民族的风俗习惯。

5. 通过让学生学习文章，引导学生体会民族团结和友爱之情。

【教学重点】

让学生读出对这所民族小学的喜爱之情。

【教学难点】

让学生体会文中"一静"（窗外的安静）、"一动"（小动物们看热闹）的表达效果。

【教学准备】

准备傣族、景颇族、阿昌族、白族、纳西族、汉族等民族的相关图片和《爱我中华》歌曲。

【课时安排】

2个课时

【教学过程】

第一课时

（一）用歌曲导入新课，激发学生的兴趣

---

① 这是笔者摘录的一位语文教师所写的教案。

1. 播放歌曲《爱我中华》，师生一起跟唱。

2. 导入：同学们，我们国家一共有 56 个民族，不同的民族有不同的风俗。下面请同学们结合图片，介绍自己所了解的民族。

3. 学生展示图片，并在教师的提示下着重介绍一些民族的服饰特征、生活习俗。

4. 教师补充介绍傣族、景颇族等文中涉及的少数民族的情况。

（二）写下课文题目，朗读课文

1. 我国西南边疆地区是少数民族聚居的地区，那里生活着许许多多少数民族儿童，他们读书的学校被称为民族小学。今天我们就一起去参观一所民族小学，好不好？

2. 板书：我们的民族小学（师生一起读一遍）。

3. 教师范读。教师伴随着轻音乐朗读课文，请学生们一边听自己读课文，一边用笔标出有关民族的词语。

（三）让学生试读课文，学习生字词

1. 学生试读课文，划分自然段落；拼读生字词，反复朗读难读处。

2. 教师点名，请学生分自然段朗读课文。

3. 教师出示新字词，让学生认读。

生字：坪、坝、戴、招、蝴、蝶、孔、雀、舞、铜、粗、尾。

新词：坪坝、穿戴、打扮。

（四）学生分组朗读课文，初步感知课文

1. 学生分小组朗读课文，感知课文内容，读完后小组成员一起讨论读了对应段落后知道了哪些信息。

2. 教师和学生就课文的段落顺序进行初步交流（教师提问，学生回答）。

（五）巩固学生所学的生字词，指导其写字

1. 让学生再次读生字、新词（指定某个学生读、全体学生一起读等，教师及时纠正学生错误的读音）。

2. 用游戏巩固学生所学的生字词。

3. 教师着重讲解戴、蝴、蝶、雀、舞等字在田字格中的写法并进行演示。

4. 学生抄写文后列出的本课中的生字和新词。

除了教案之外，师构课程的文本呈现形式还有教学札记和板书等。相对于教案而言，其他形式更多的是起辅助作用。

《现代汉语词典》对"札记"的解释是"读书时摘记的要点和心得"①。教学札记一般指教师在教育教学过程中，对教育教学现象中值得研究的、需要总结的以及感到困惑的、不能及时解决的问题进行反思后写下的文字或对相关教育教学理论的摘抄。本研究所说的教学札记指向前者，即教师对教学过程若干环节或问题的一种反思。教学札记的内容通常包括对教学中的疏漏与错误的反思、对学生知识掌握情况的反思、对学生对重点和难点的把握情况的反思、对自己的教学方法合理与否的反思、对自己处理问题是否得当的反思等几个方面。教学札记是师构课程的另一个文本载体，它呈现了教师对自己重构的课程和教学实践深层次的反思。

笔者摘录了一位教师的《我们的民族小学》教案后的教学札记。

这篇文章是新学期孩子们学习的第一篇文章，把孩子们的心收回来，让他们集中注意力是教学的第一要务。为此，我在教学过程中注重调动学生的积极性，把学习的主动权交给学生，让其充分参与进来，收到了很好的效果。如我准备了大量少数民族的图片，提示学生细心观察图片中少数民族人物穿戴的服饰，学生普遍都非常感兴趣，注意力很集中，效果不错。另外，本课的生字较多，教学过程中我注重引导学生采用多种方法识记生字，十分注意培养学生独立识字和写字的能力（三年级是低年级向中年级过渡的关键学段）。

这节课感觉不足或遗憾的有：我在课堂上使用的语言还是有些烦琐，不够精练，今后尚需多加锤炼，精心准备；在对课文教学难点——"让学生体会文中'一静'（窗外的安静）、'一动'（小动物们看热闹）的表达效果"——进行处理时有些急躁（学生的理解总是不在点子上，我就几乎把"正确"的理解以"提示"的形式告诉了他们，草草结束了这个环节），这方面以后尚需修正。

师构课程的另一种文本呈现形式是板书。在古德莱德的课程理论中，当第三个层次的领悟课程向第四个层次的运作课程转换时，作为领悟课程的文本的教师教案中的内容可通过板书传达给学生，学生参与运作课程时，便是通过观察课堂中的板书与教师展开认知、情感及思想方面的对话，以此来内化课程，建构新的课程意义的。本研究中的板书，就动态而言，指

---

① 中国社会科学院语言研究所词典编辑室：《现代汉语词典》，北京，商务印书馆，2016，7 版，第 1641 页。

教师在黑板上写字；就静态而言，指教师在黑板上写的字。要点式板书、总分式板书、表格式板书、图解式板书等是常见的几种板书类型。作为供学生理解和建构的对象，板书具有独特的优势，具体表现为：第一，具有直观性。直观是板书的首要特征，教师通过清晰、工整的板书，将自己所讲授的知识以文字、图表等形式直接展示给学生，在丰富学生视觉表象的同时，又能在一定程度上弥补教学过程中教师语言表达的某些不足。第二，概括性。教师通过书写精练的文字和画出简约的图表等，把原本抽象复杂的内容简洁化，用尽可能少的符号传递尽可能多的信息，这既有利于教师有效地教，也有利于学生有效地学。第三，辅助性。板书在课堂教学中能起到辅助作用，教师在讲授知识的同时，借助板书能强化教学的重点、难点，加深学生对文本的理解。[①]

（三）学生参与师构课程的含义及影响因素

1. 学生参与师构课程的含义

如果说课堂中学生参与正式课程的主要内容是学生对正式课程知识或教材知识进行理解和建构的话，那么课堂中学生参与师构课程主要是指学生对教师教学知识的理解和建构。由上述分析可知，课堂中的知识以及学生实际学到的知识绝不是纯粹的原来预设好的课程知识。原来的课程知识经过教师的解读以及教师在课堂上与学生互动已经发生了改变，学生在课堂中实际学到的知识既包括原本的教材知识，也包括教师和学生在互动中生成的知识。

现代课程理论关注课程的动态发展过程，主张课程是师生在教育情境中共同创生的一系列经验，进而消解了课程是"跑道"的传统意蕴，课程因此被赋予了新的内涵。教师建构课程不是最终的目标，其最终目标是促进学生更好地理解和建构课程，实现学生的发展。为此，教师将重构后的课程知识在具体的教育情境中重新激活、展开，还原知识发生和发展的过程，引导学生加入互动研讨。如此一来，师构课程知识也即教师教学知识就演变为教师和学生共同建构的知识，课程的动态性、情境性等特质彰显无余。学生是教学活动的主体，教师重构后的教材内容，必须通过学生的理解和建构等加工活动才能最终内化到学生的认知结构中，转化为学生的精神财富。在这一过程中，学生会充分发挥主体性，有选择地理解和掌握教师传递的知识。他们往往依据有用性、趣味性、可信性及他人的倾向性

---

① 穆建亚：《课程实施中文本转换之研究》，西南大学学位论文，2007，第16页。

等标准来选择知识，因此，教师输出的信息量与学生输入的信息量之间往往存在差异。学生参与师构课程，实现对教学知识的建构主要是通过对话的方式完成的。在师生互动过程中，学生带着自己的知识和经验与教师对话，最终实现视域融合。

2. 影响学生参与师构课程的因素

在影响学生参与师构课程的主要因素中，除了学生已有的知识和经验这一因素之外，还有以下几个因素。

第一，课堂教学知识自身的特点。

这里的课堂教学知识是指教师重构后的课程知识。学生参与师构课程发生在课堂层面，就是指学生对课堂教学知识的理解、加工。因此，课堂教学知识自身的特点，如科学性、可理解性等会直接影响学生参与师构课程的效果。通常而言，课堂教学知识的科学性、简明性和可理解性等特性是学生顺利、准确、透彻地理解和建构师构课程的重要保证。所谓科学性是指课堂教学知识应该真实地反映客观世界的本质、规律，符合"外在的证实"和"内在的完备"两个标准。简明性则指课堂知识必须简洁明了，条分缕析，容易为学生所感知和把握。可理解性是指经过教师加工（如把正式课程知识转换为教师个体知识，把书面语言转换为教学语言）后的课堂教学知识更加有利于学生理解和建构。

第二，学生的心智能力。

对问题的理解程度的深浅取决于理解者认识水平和理解能力的高低。在参与师构课程的过程中，学生自身的思维能力、理解能力等基本心智能力直接影响其对课堂知识的理解的程度。本研究主要从思维能力和创读能力两方面来阐释学生心智能力对其参与师构课程的影响。一是思维能力。众所周知，在人的学习能力中，思维能力居于核心，个体所有的智力活动都是受其支配的。课堂中学生对师构课程的理解和建构的过程是学生基于已有的知识、经验，激活思维，通过分析、综合、概括、抽象等方式，对课堂教学知识进行再加工、转化的过程。在此过程中，若学生思维能力强、思维水平高，则其对课堂知识的价值的判断就准，接受程度就高。二是创读能力。"创读就是读者根据自己的经验、价值观、所处的环境等对文本进行非常规的理解，就是在掌握原意的基础上，把作者想说而没说的话说出来，把作者应该想到却没有想到的想出来。"[①] 学生运用创读能力能实现

---

① 熊川武、江玲：《论引导素质教育深化的政策》，《中国教育学刊》2002 年第 5 期。

对课堂知识的超越性重构，即学生基于创读能力，在实现了对课程的理解的基础上，对课程做进一步的延伸、拓展或深化，创造性地重构课堂知识，生成新的课程意义，从而完成对师构课程的非常规理解。

第三，师生的主体间性。

从哲学解释学的视角来审视课堂中学生参与师构课程的过程，其便是学生与教师、师构课程文本之间进行对话，实现视域融合的过程。在这一过程中，师生关系会直接影响学生参与师构课程的效果。长期以来，受二元对立思维方式的影响，有关师生关系的讨论多陷入主客体二元论的尴尬境地，主体间性突破了这一藩篱，抓住了现代师生关系的本质。主体间性，又称主体际性或交互主体性等，它是现代交往理论中的一个重要概念，是指"主体通过发挥自己的主体性与其他主体保持理解关系的属性"[1]，强调主体间的交互作用并实现视域融合。学生参与师构课程是教师和学生两个主体交互作用的过程，师生的主体间性是影响学生参与师构课程的重要因素。在课堂中，教师和学生若能形成真正的"学习共同体"，通过对话式交往把自己置于课程运作之中，相互尊重、相互理解，便能共同建构新的知识和意义。反之，学生理解和建构师构课程的效果就要打折扣。

此外，教师的语言表达、教学机智以及教学环境等因素也都会影响课堂中学生参与师构课程的实际效果。

三、体验课程

从课程运行的角度来看，体验课程是最后一个层次的课程，也是最终的归宿。学生虽然经历了同样的课程学习过程，但不同的学生会获得不同的学习体验，因此，该层次课程的效果决定了课程实施的实际效果。进言之，任何层次的课程最终只有转换成学生在课堂中实际体验到的课程，其才真正实现了自身的价值。

（一）体验课程的知识

在古德莱德的课程层次理论中，体验课程被称为经验的课程，即学生实际学习和体验到的课程；根据相关学者所划分的课程类型，其属于学习者掌握的课程[2]；在黄甫全教授的课程分类中，其被称为学习者所学和所

---

① 熊川武等：《实践教育学》，上海，上海教育出版社，2001，第71页。
② 参见〔瑞典〕T. 胡森、〔德〕T. N. 波斯尔斯卡特：《教育大百科全书：7：课程 教育技术》，丛立新等译，重庆，西南师范大学出版社，2006，第39页。

得的课程①。尽管在不同研究者的视野中，体验课程的称谓有所差异，但都指向课堂层面学生实际学习、感受和体悟到的课程。有研究者认为："学生通过学习获得的实际经验，包括课程有计划的影响，也包括无意识的影响；既有可检测观察到的知识技能，又有内隐的无法量化评价的情感态度和世界观的变化。学生通过课程实际获得的经验内容、程度是课程目标达成度最终判断标准。"② 相对于正式课程和师构课程的知识规定，体验课程的知识规定有自身的特质。

体验课程是建立在学生个人知识基础之上的一种课程形态。个人知识由英国著名思想家波兰尼（M. Polanyi）在《个人知识：迈向后批判哲学》一书中提出。根据知识是否能被清晰地表述，波兰尼将知识分为可以言传的知识和只能默会的知识。其中，只能默会的知识是指那些存在于个体头脑和某个特定环境中，难以被言传或难以被清晰地表达出来的知识，其常被译为"隐性知识""缄默知识""默会知识"等。波兰尼所说的个人知识主要指只能默会的知识。英国哲学家罗素（B. Russell）对人类知识问题进行过深入的探究，他将人类知识划分成个人知识和社会知识两大类，并对两类知识做了深度阐释。他认为个人知识是个人从自身的亲身经历中所得到的，带有主观因素、有着个人独特理解、感受和体验的无法言明的知识。③ 在波普尔（K. Popper）的知识谱系中，个人知识指向那些主观知识，其存在于主观精神世界、世界2、意识经验世界之中。④ 不同研究视域对个人知识的理解存在差异，本研究认可周志平从教育学角度出发对个人知识所做的界定："个人知识作为一个教育学范畴，它既包括个人主观的感受、理解和体验，也包括从公共知识中获得的客观的、经过确证的知识；既包括以语言符号形式表现出来的知识，也包括不可言明的知识，……既包括个人从公共知识成果中获得而内化为个人独特知识结构中的一部分，也包括个人从其生活经历中所获得的独特感受，以及在其与环境的交互作用中

---

① 黄甫全将课程分为学者的理想课程、官方课程、学校的校方课程、教师所教的课程、学习者所学和所得的课程等五种类型。参见：黄甫全：《大课程论初探——兼论课程（论）与教学（论）的关系》，《课程·教材·教法》2000年第5期。

② 李学：《基于课程类别与层次区分观点的语文课程性质观》，《语文教学之友》2006年第11期。

③ 〔英〕罗素：《人类的知识——其范围与限度》，张金言译，北京，商务印书馆，1983，第9~12页。

④ 〔英〕卡尔·波普尔：《客观的知识：一个进化论的研究》，舒炜光、卓如飞、梁咏新等译，杭州，中国美术学院出版社，2003，第67~79页。

产生的经验。"① 个人知识既有外显性又有内隐性，既具客观性又具主观性，兼具多种对立统一的特质，体现着个体能动的生命实践性。

个人知识是一种个体化的公共知识。公共知识只有经过个体化后方能转换为个体知识，言下之意是，个人知识是个人自主建构的结果，它是"识知"主体主动建构的，而不是被动接受或吸收的，"是个体与他者在交往商谈中进行的社会建构"②。通常而言，个体知识的来源有两种：一是外部，即个体通过加工从外部获得的信息，然后建构知识；二是内部，即个体通过对自己内部知识的再加工来建构新的知识。关于个人知识的生成问题，有研究者认为个人知识的生成需要经过三个阶段：外在化、组织化和内化。③ 另有研究者将个人知识生成放到课程实施层面加以考量，并揭示课程实施过程中个人知识的生成机制，即外化表达、交流讨论、活动体验和反思内化。④ 下面的教学片段就呈现了学生理解和体验课程文本中的公共知识，并实现公共知识个体化的过程。

《我们的民族小学》教学片段⑤

（第二课时快结束时，教师提出了一个开放性问题）

师：学习完这篇课文，同学们有什么想法？

生1：学完这篇课文我感觉很愉快。看到小朋友们在学校生活得幸福快乐极了，我真想加入这个集体，和大家一起感受这些幸福和快乐！

生2：读了这篇课文，我感觉民族小学很漂亮，有古老的铜钟、大树，还有凤尾竹。同学之间很友爱，大家和小动物们相处得也很好。我们的学校有明亮的教室、整洁的草坪和现代化的操场，同学们在课堂上认真学习，课下尽情玩耍，我们的学校也很美丽，我爱我们的学校！

生3：民族小学的同学们学习都很认真，他们读书时整齐、响亮、好听的声音深深感动了那些小动物们，它们静静地听着，陶醉其中，都不忍心去打扰同学们。下课时，同学们尽情地游戏、玩耍，快乐的气氛引来很多凑热闹的小动物。多么欢乐祥和的景象啊！

生4：56个民族56朵花，我们都是其中的花蕾（含苞待放——教师补充），在美丽的校园里绽放。

---

① 周志平：《个人知识的生成与教育》，《教育理论与实践》2004年第11期。
② 蔡春：《个人知识：教育实现"转识成智"的关键》，《教育研究》2006年第1期。
③ 李才俊：《略论新课程下课堂教学中的知识管理策略》，《教育探索》2006年第5期。
④ 潘洪建：《论课程实施中个人知识的生成》，《课程·教材·教法》2010年第7期。
⑤ 笔者整理的课堂教学片段。

生5：读了这篇课文，我喜欢上了不同民族五颜六色的服装。我在电视上看过少数民族的服装，都很漂亮。我将来想成为一名服装设计师，为小朋友们设计很多漂亮的衣服，让大家穿得漂漂亮亮的，为我们的生活增添更多美丽的色彩。（教师笑了，赞扬该同学有志向）

上述教学片段中学生基于个体的知识和经验进入课文，通过理解、体验等方式诠释课文，将原本蕴含于课程文本中的公共知识通过情感投射，有效地转换为个体所思、所想和所获，其中渗透了学生个体的价值判断和情感体验，打上了个体烙印。公共知识转换成个人知识后，课程文本中蕴含的祥和的校园文化、人与自然和谐共处等隐性知识，通过学生的交流分享而被外化，彰显了学生个体能动的生命实践性。

（二）体验课程的文本呈现形式

体验课程的文本呈现形式主要有课堂笔记和作业。

1. 课堂笔记

课堂笔记是学习者对自己课堂上所听、所见、所思、所感的重要内容所做的书面记录，是建构知识的有效学习方式。记笔记的过程实质上是一个由感知转化为联想、分析、综合，再转化为文字的比较复杂的思维过程。① 学生在课堂上记笔记的过程绝不是学生对教师陈述的内容或板书的简单抄记，它至少是学生把教师的板书、口头语言转化为自己的语言的过程。从课堂层面学生体验课程的视角来看，记笔记的过程正是学生基于已有的知识和经验对正式课程和师构课程的理解和建构的过程。通过这一过程，学生完成对正式课程文本知识、教师课堂教学知识等的再诠释和转化，促进自身个人知识的生成，达成知识对自身的意义关照、滋养和护持，实现课程意义的创生。

关于课堂笔记的作用，不同研究者有不同的阐释。有研究者将课堂笔记的作用归结为：增加学生课堂有效学习时间；为学生开展有效学习提供载体；为教师评估诊断教学提供依据。② 有研究者认为课堂笔记有助于学生集中注意力听课，防止分心，促进学生积极思维，增强听课效果；有助于促使学习者调动多种感官参与学习，强化记忆；有助于提高学习者认知加工的深度，发现知识之间的内在关联，建立新的认知结构；有助于学习

---

① 马有：《如何记课堂笔记》，《内蒙古师范大学学报（教育科学版）》2010年第2期。
② 贺小平：《学生课堂笔记：教与学有效对接的一剂良方》，《今日教育》2013年第11期。

者全面系统地掌握教材内容，形成较为完整的知识体系等。① 类似的研究结论还有："认真做好课堂笔记……有利于手脑并用和日后的学习查阅；做好课堂笔记，可以有效地监控学习过程，集中听课注意力，帮助理解听课内容，促进积极思维，增强听课效果；做好课堂笔记还可以发挥新旧知识的内在联系，激活记忆，为复习考试提供重要依据；做好课堂笔记还可以全面系统地掌握知识，巩固基础，形成知识的完整体系。"② 梳理和归纳上述研究结论，本研究认为，做课堂笔记是学生理解和建构课程的重要方式，课堂笔记是体验课程的重要文本载体，其在提高学生的学习效率、思维水平、知识加工水平等方面发挥着重要作用。

学术界认为笔记主要有两个功能：贮藏功能和编码功能。贮藏功能是指笔记的价值在于存储课堂中的知识要点，为学生课后的复习、再现和巩固所学知识提供帮助。编码功能是指学生记笔记事实上是对知识的梳理和结构化，这样能使知识更符合自己的认知结构，使知识便于记忆和理解，个体据此也能对知识进行有效迁移。

随着对笔记的编码功能的研究不断深化，笔记的生成功能也被提出。笔记的生成功能理论更加关注学生记笔记的动态过程以及通过记笔记真正获得了什么，关注记笔记与不记笔记所引起的学生的学习质量上的差异。派帕（J. Peper）等人认为，记笔记可以促进学习者用自己已有知识积极地整合新知识，继而对新材料进行解释、组织并且寻找意义。③ 迈特（P. V. Meter）等人认为，记笔记是知识建构的过程，学生在记笔记时并不是简单地记录下教师所讲的内容，而是根据讲课者的类型、课程内容的特点和自身的特点主动地对信息进行再建构。④

2. 作业

作业是体验课程的另一种重要的文本形式。写作业是教学过程的重要环节，是学生掌握、巩固和深化知识，提升能力、发展思维等的重要载体。学生在做作业的过程中，真正参与知识建构，并进行知识的内化，进而转化成自身的能力。

根据不同的划分标准，作业可以被分为若干种类型。熊和平、沈雷鸣

---

① 马有：《如何记课堂笔记》，《内蒙古师范大学学报（教育科学版）》2010年第2期。

② 王云秀：《课堂笔记现状的研究》，《昆明大学学报》2006年第1期。

③ Peper, R. J., Mayer, R. E., 1978："Note Taking as a Generative Activity", *Journal of Educational Psychology*, 4.

④ Meter, P. V., Yokoi, L., Pressley, M., 1994："College Students' Theory of Note-Taking Derived from Their Perceptions of Note-Taking", *Journal of Educational Psychology*, 3.

梳理了 20 世纪学生作业发展的历史，认为学生的作业有两种基本类型，即活动性作业与文本性作业。① 张丰将作业分为两类：一类是提供简单解题提示的"脚手架式"的作业，另一类只提供作业的背景，而没有提示的"抛锚式"作业。② 随着教育改革的深入推进，一些教育研究者和中小学教师创造了一些新的作业类型，如自我发展性作业③，基于分层的自主选择型作业④，协商式课外作业⑤等，极大地丰富和拓展了作业的内涵。

关于作业的价值和意义问题，林尚俞认为，"作业对学生和教师均具有重要价值。就学生而言，有助于强化学习效果、建立良好学习态度……，让学生学会学习、学会做人、学会生存；对教师而言，有助于了解学生的学习情形"⑥。库珀（H. Cooper）也对作业的意义做了深度研究⑦，提出作业在培养学生学习态度、能力等方面具有独特意义和价值。

作为学生体验课程的一种重要的文本呈现形式，作业不是课堂教学的附属物（传统作业观认为作业是一种补充，隐含附属之意），而是课堂教学的延伸。学生通过做作业，实现基于个体知识和经验对既定课程知识的温习、重现和再构，进而加深对所学内容的理解和建构。以下是一位小学生的课后作业（节选），其中加粗部分为学生所写的内容。⑧

---

① 熊和平等人对两种作业类型做了界定和说明：活动性作业主要是针对具体的课程内容，在教师指导下由学生自行设计的主动的操作性活动，具有情境性、自主性、生活化等特点。这种作业旨在把理性的、学科性的知识接受活动转化为学生感性的、活动性的知识探究活动，让学生亲历求知的整个过程。这种作业方式是基于杜威的实验主义哲学提出来的。文本性作业主要是在课堂教学之后由教师布置的一种补充性或巩固性的作业。这种作业是在传统的认知主义哲学基础上发展而来的，是一种比较传统的作业形式，具有封闭性、单一性和形式化等特征。参见：熊和平、沈雷鸣：《作业：课程哲学意涵及改革思路》，《教育理论与实践》2008 年第 28 期。

② 张丰：《任务学习与作业改革》，《上海教育科研》2002 年第 5 期。

③ 广州市珠海区实验小学课题组、广东教育学院教科所课题组：《自我发展型作业设计模式的尝试与探索》，《教育导刊》1999 年第 4 期。

④ 曹秀华：《基于多元智能理论的分层作业设计》，《教育探索》2006 年第 11 期。

⑤ 赵鑫：《中小学协商式课外作业研究》，西南大学学位论文，2007。

⑥ 林尚俞：《桃源县国民小学家庭作业实施现况之研究》，新竹教育大学学位论文，2003。

⑦ 库珀认为，家庭作业显然对学生记忆和理解学习内容具有直接的作用；其次，其能提高学生的学习能力，改善学生对学校的态度，让学生明白学习是没有地点限制的；再次，其能培养学生的独立性和责任心，具有非智力方面的好处；最后，其可以使家长参与学校教育的过程。参见：Cooper, H., 1989: "Synthesis of Research on Homework", *Educational Leadership*, 3.

⑧ 笔者摘录的一名小学三年级学生的课后作业。

一、看拼音，写词语

píng bà　　kǒng què wǔ　　hú dié　　chuān dài　　yóu xì　　rè nào

（坪坝）　（孔雀舞）　（蝴蝶）　（穿戴）　（游戏）　（热闹）

tóng zhōng　　yáo huàng　　fèng wěi zhú

（铜钟）　　　（摇晃）　　（凤尾竹）

二、词语填空

（粗壮）的枝干　　　（敬爱）的老师　　　（鲜艳）的服装

（快乐）的小鸟　　　（古老）的铜钟　　　（友好）的同学

（活泼）的猴子　　　（飘扬）的国旗

三、改错（把正确的写在括号里）

穿带（戴）　漂扬（飘）　打份（扮）　澈戏（游）

招乎（呼）　召引（招）　结白（洁）　粗状（壮）

竟礼（敬）　欢昌（唱）

四、抄写课文中描写窗外安静的句子。

这时候，窗外十分安静，树枝不摇了，鸟儿不叫了，蝴蝶停在花朵上，好像都在听同学们读课文。

五、读一读下面的句子，体会一下带点词语的用处。

（一）那鲜艳的民族服装，把学校打扮得更加绚丽多彩。

"鲜艳"突出了民族服装颜色好看、漂亮；"更加"突出了学校经过五颜六色的民族服装的装饰，显得比以前更美丽、更绚丽多彩了。

（二）这时候，窗外十分安静。

"十分"是形容窗外很安静，更说明了同学们读得认真和投入。

（三）这些山林里的朋友，是那样好奇地听着同学们读课文。

用"好奇"这个形容词把小动物听"我们"读课文时的神态描写了出来。

六、动动脑

课文描写了民族小学里学生的学习和生活，为什么还要描写小动物呢？这样写的用意是什么呢？

我认为写这些小动物是想说明它们也很快乐，被"我们"幸福、快乐的生活感rǎn（染）了。

（三）学生体验课程的含义及其影响因素

学生体验课程的过程即学生自主建构知识的过程。按照古德莱德五个课程层次理论，体验课程是最后一个层次的课程，是指学生实际体验（学习）到的课程。在课堂层面，体验课程的实质就是学生充分发挥主体性，在教师指导下理解、体验和建构课程，推动课程知识意义的创生，促进自身的发展。从建构主义学习观的角度看，课堂中学生体验课程的过程就是学生对正式课程、领悟课程和运作课程等重新进行编码和解读，从而建构自己的知识的过程。

现代教育心理学研究表明，个体学习的过程是一种主动建构的过程，因此，教师应该调动学生的积极性，引导其参与课堂，自主建构知识，并在此过程中优化学生的知识结构，发展学生的探究能力，而绝不仅仅是向学生传授知识那样简单。课堂中，学生通过体验课程完成对课程知识的自主建构，其一般要经历如下三个阶段。第一，内化阶段。学生基于已有的知识和经验对既定课程进行理解和建构，通过新知识与已有的知识和经验的交互作用，完成从外在的客观知识、公共知识向内在的个体知识的转化。第二，外化阶段。在经历第一阶段后，学生形成了新的个体知识，在此基础之上，学生再通过表达自己的个体知识来增加人类的公共知识，从而完成从个体知识到公共知识的外化。第三，实践化和应用化阶段。通过前两个阶段，学生对知识的自主建构形成了一条完整的"回路"，个体知识得以确认。第三个阶段是学生对自身个体知识的实践和应用，即学生将个体知识用于分析和解决问题，在实践过程中再建构新的知识。学生在课堂上所理解、体验和建构的，既有正式课程，也有师构课程。对不同学生而言，由于个人生活、情感、价值观等诸多方面的差异，因此其对上述课程的理解和建构必然存在较大差异，即学生各自建构课程。

课堂中学生体验课程直接指向学生对正式课程和师构课程的理解和建构，因此，影响学生参与正式课程和师构课程的因素也就构成了影响学生体验课程的因素，即教材（教学）知识的特点、学生已有的知识与经验、学生的心智水平、教师的引导等。因前文已述，在此不再赘言。

关于学生参与课程的层次及其影响因素的分析，需要做两点说明。第一，本研究对学生课程参与所做的三个层次的划分，主要是借鉴古德莱德五类层次课程的分析框架，更多的是理论层面的区分。事实上，在课程实践中，学生课程参与的三个层次往往交织在一起，没有明显的界线，很难做严格意义上的区分。这里所做的划分主要是出于理论阐述的需要，实践中不可机械照搬。第二，不同层次的课程的主体是不同的，从形式上看，似乎只有课程的最后一个层次——体验课程——的主体才完全是学生。但若从课程运行的实际进程及其终极旨趣来看，课程一旦进入课堂，成为学生学习的材料，学生与课程就无时无刻不在发生关系，即便是由正式课程向领悟课程转换，学生也是教师必须考虑的一个重要因素。至于在由领悟课程向运作课程再向体验课程转换的过程中，学生则毫无疑问是以课程主体的身份介入其中的。学生通过对不同层次课程的理解、内化和意义建构，实现着有意义的学习。这种转换过程中的意义建构是学生生命的存在方式，它使学生真正从课程实施活动的"边缘"走向"中心"，真正参与到学习中来，实现个体知识的自主建构和生命意义的提升，同时也推动了课程的运行和意义的创生。

第四章 学生课程参与的课堂实现方式、条件与机制

前面几章从理论上探讨了课堂中学生课程参与的内涵、本质，分析了学生课程参与的理论基础。那么，在课堂实践层面，学生到底是如何理解和建构课程，实现意义建构的？意义建构的方式有哪些？需要什么样的条件？意义建构的内在机制是什么？本章拟对这些问题进行探讨。

第一节 学生课程参与的课堂实现方式

课堂中学生课程参与主要是指学生参与课程实施，理解和建构课程的过程，也即意义建构的过程。意义建构活动是一种解释性、体验性和感悟性的活动，因此，理解、对话、体验、感悟、批判和反思就构成意义建构活动的方式。考虑到这些方式的内在关联性，我们将其归结为理解与对话、体验与感悟、批判与反思等几种。本节重点对这几种课堂实现方式进行学理分析，即阐释这些方式的理论内涵及价值意蕴。有关这些方式在意义建构过程中是如何被运用的，将在下一章结合案例加以具体阐述。

一、理解与对话

理解与对话是课堂中学生参与课程实施，达成意义建构的重要方式，且随着课程研究由课程开发范式转向课程理解范式，理解与对话愈发成为课程研究中的高频词。在课程理解范式下，人们把课程作为文本来解读，课程成为一种符号表征，成为负载课程意义的文本，师生通过解读这种文本可以获得多元的课程意义。在课程理解范式下，课程实践趋向于人与文本的对话，不同的人从各自的视界出发，对课程文本进行解读和诠释，创生不同的课程意义，实现课程知识对个体精神世界和意义生活的观照。这种范式下的课程实践活动超越了学生对知识的简单占有或支配，更加凸显

学生对课程知识的理解，认为只有理解才能敞开课程丰富的意义。在现代解释学视野中，意义产生于知识与人的关联，理解则是实现知识对人进行意义关照的基本途径。

理解的日常含义是"了解、明白"。《辞海》将理解解释为"了解、领会，是应用已有知识揭露事物之间的联系而认识新事物的过程"①。《哲学大辞典》将理解界定为一种理性认识活动，是个体"借助概念，通过分析、比较、概括以及联想、直觉等逻辑或非逻辑的思维方式，领会和把握事物的内部联系、本质及其规律的思维过程"②。在意义建构视域中，理解代表着一种意义建构的过程。

从不同的学科或学派的角度来界定理解，则会产生截然不同的观点。这里无意一一罗列关于理解的不同观点，本研究主要采纳哲学和心理学视角对理解的阐释。从哲学角度来看，理解是解释学中最核心的概念，整个解释学就是关于理解的学说，其使命就是通过理解来探寻文本的意义，"理解的目的在于于明显的意义里解读隐蔽的意义，在于展开暗含在文字意义中的意义层次"③。哈贝马斯认为，理解"最狭窄的意义是表示两个主体以同样方式理解一个语言学表达；而最宽泛的意义则是表示在与彼此认可的规范性背景相关的话语的正确性上，两个主体之间存在着某种协调；此外还表示两个交往过程的参与者能对世界上的某种东西达成理解，并且彼此能使自己的意向为对方所理解"④。前文已述，课程实施落到课堂层面就是一种意义建构的过程，也即理解的过程，这里的理解可包含对意义的思维性理解、建构性理解和分享性理解⑤。学生理解课程的过程中必然涉及其与教师、文本的编撰者以及同学等多元主体的互动。主体间的交流就是对意义的分享。从心理学角度，尤其是认知心理学角度来审视理解则又是另一番景象。奥苏贝尔认为理解就是将新信息纳入原有认知结构，新旧知识发生意义同化的过程；现代认知心理学认为，理解实质上就是学习者

---

① 辞海编辑委员会：《辞海 1999 年版缩印本（音序）》，上海，上海辞书出版社，2002，第 1003 页。

② 冯契：《哲学大辞典》，上海，上海辞书出版社，2001，2 版，第 817 页。

③ 叶浩生：《西方心理学研究新进展》，北京，人民教育出版社，2003，第 54 页。

④ 〔德〕哈贝马斯：《交往与社会进化》，张博树译，重庆，重庆出版社，1989，第 3 页。

⑤ 对意义的思维性理解是学生对意义的一般水平的理解，是学生对理解内容的同化性吸收，停留于对不同符号之间的关系的初级解读的层次上；对意义的建构性理解意味着学生把新的知识所代表的意义纳入自己已有的知识结构中，也意味着他们对新的知识所代表的意义的一种变通性的、创造性的理解；对意义的分享性理解是主体间互动的关键。参见：王升：《主体参与型教学探索》，北京，教育科学出版社，2003，第 88 页。

以信息的传输、编码为基础，根据已有信息建构自己内部的心理表征，进而获得心理意义的过程①。建构主义则将理解看成一个"意义赋予"的过程，即主体依据自身已有的知识和经验建构出了对象的意义②。

学生对课程的理解即学生对课程现象、课程文本、课程事件之意义的解读过程③，这一过程实质上也即意义建构的过程。一方面，学生之间差异明显，其生活环境及经验迥异，其理解课程时必然深受这些因素的影响。因此，学生对课程的理解都是创生课程意义的过程，超越了对课程内容的"镜式"反映。另一方面，知识向意义转换必然要经过理解，因为理解是意义符号与意义之间的中介，只有通过主体的理解，意义符号才能彰显意义。此外，学生对课程进行解读的过程还是作为读者的学生与课程文本的编撰者等进行跨时空的对话，实现视域融合，进而生成课程意义的过程。

课堂中学生参与课程实施的另外一种重要的方式是对话。对话同样是解释学的关键概念。伽达默尔认为，理解也是一种对话，这种对话是基于问题展开的，主体在问和答的过程中明事穷理、揭示意义。在哲学解释学的视野中，对话不同于一般意义上当事人双方狭隘的交流和沟通，其超越了表层的语言交流，指向更深层次——双方的敞开和接纳，这是指双方共同在场、互相吸引、互相包容、共同参与④。在交往理论的视野中，对话"是一种以相互尊重、相互信任和相互理解为基础，以寻求真知、创造意义和建构完满的精神世界为目标的教育主体之间的平等交流、相互沟通的过程，……是一种真正意义上的平等的精神沟通与内在交融"⑤。

伽达默尔认为理解对象的意义是依赖于理解者的，是理解者在与理解对象对话的过程中发现的⑥。此外，理解也是对话双方在相互依存基础上的一种对话（非一方对另一方的简单投射），是对话双方在相互倾听的基础上实现视域融合的结果。"对话的过程应当是让各种不同的意义在全体参与者之间自由流动。在对话中，人们最初只是表达他们各自固定的立场，……随后他们意识到，维持群体中的友谊氛围比固守自己的见解更重

① 兰学文：《现代认知心理学理解过程的模式及其教学策略》，《教学与管理》1999年第4期。
② 参考：郑毓信、梁贯成：《认知科学建构主义与数学教育——数学学习心理学的现代研究》，上海，上海教育出版社，1998，第168页。
③ 郝源汇：《试论学生的课程理解》，《新课程研究（上旬刊）》2012年第2期。
④ 金生鈜：《理解与教育——走向哲学解释学的教育哲学导论》，北京，教育科学出版社，1997，第130页。
⑤ 张天宝：《走向交往实践的主体性教育》，北京，教育科学出版社，2005，第204页。
⑥ 张法：《作为后现代思想的解释学》，《中国人民大学学报》2000年第5期。

要。……由此而出现了一种新的心态，这种心态立足于共同意义的建立和分享，而这种共同意义则在对话的过程中不断地得以萌生和改造。这时候人们不再对立，……事实上他们开始一起参与并分享一个不断发展和变化的共同意义之库。"①

教育场域中的对话一般有三种类型：一是主体性对话，即人与人的对话，包括教师与学生的对话、学生与学生的对话；二是理解性对话，即人与文本的对话，包括教师与文本的对话、学生与文本的对话；三是反思性对话。② 在后现代课程话语中，这三种对话的内涵又得到了进一步拓展：主体性对话是一种实践性对话，是在人与文本对话和个体经验基础上进行的合作性、建设性意义生成过程；理解性对话是一种意义阐释性对话，是主体对文本的理解和阐释；反思性对话是主体对自身内在经验和外在世界的反思，在反思、咀嚼、回味中，主体认识世界与自我，从而确认存在、生成意义。③ 本研究所谈的对话倾向于指理解性对话，指向人与文本的对话。就学生来说，其是学生带着前见，阐释文本意义的过程。就本质而言，文本是对于那些不断从它当中获取新的信息、新的体验的人的意义之源。文本努力把人拖进意义网络之中，使人处在一种解释学的意义结构中，即走向文本意义解释之路，从而将对文本的阐释看作一个解释意义的无尽过程。④ 这一过程落在课堂教学中，就是学生利用自己已有的经验、知识和情感等去体验、建构文本意义的过程，也即意义建构的过程。

二、体验与感悟

体验与感悟是课堂中学生参与课程、实现意义建构的另外两种重要的方式。

体验的内涵极其丰富。在《现代汉语词典》中，体验的意思是"通过实践来认识周围的事物""亲身经历"。⑤ 体验是以经验为基础的，同时也是对经验的升华和超越。不同学科对体验有不同的理解。哲学视野下的体验指向主客体间的一种关系状态。美学把体验理解为主体与客体高度统一

① 〔英〕戴维·伯姆、〔英〕李·尼科：《论对话》，王松涛译，北京，教育科学出版社，2004，序第 11 页。
② 冯苗、曲铁华：《教育对话的本体论解读——哲学解释学的视角》，《教育科学》2008年第 1 期。
③ 李冲锋、许芳：《对话：后现代课程的主题词》，《全球教育展望》2003 年第 2 期。
④ 王岳川：《现象学与解释学文论》，济南，山东教育出版社，1999，第 236 页。
⑤ 中国社会科学院语言研究所词典编辑室：《现代汉语词典》，北京，商务印书馆，2016，7 版，第 1288 页。

时主体产生的感受，通常伴随着强烈的情绪。心理学认为体验是由感受、理解等构成的一种特殊的心理活动，"体验是在对事物的真切感受和深刻理解的基础上对事物产生情感并生成意义的活动"①。教育学认为体验既是一种活动，也是活动的结果：体验作为一种活动是指主体亲历某件事并获得相应的认识和情感；体验作为活动的结果是指主体从其亲身经历中获得的认识和情感。② 有研究者阐释了新课程视域中的体验，认为"体验是一种个性化的生命活动，存在于个体的精神世界中""体验是一种在与世界的交往过程中产生情感、生成意义的活动""体验是一种主体性的认识和反思性的实践活动""体验是包含感受、情感、理解、联想、领悟等诸多心理成分在内的复杂心理活动"。③

　　从上述分析中我们发现体验的内涵比较复杂。有研究者指出，体验是"主体内在的历时性的知、情、意、行的亲历、体认与验证。它是一种活动，更是一个过程，是生理和心理、感性和理性、情感和思想、社会和历史等方面的复合交织的整体矛盾运动"④。换言之，"体验不仅是一种过程性的存在，同时也是一种状态性的存在"，"体验的存在有其一定的形态，即既有认知层面的理解与反思，也有情感层面的感受与领悟，还有行为层面的实践活动""体验与意义密切相关"。⑤ 从以上论述中可以看出体验具有亲历性、情感性、个体性、内隐性等基本特征。亲历性，即体验是主体通过实际行动亲身经历某件事，或主体在心理上"经历"某件事；情感性，即体验是一种伴有情感的精神活动，情感是体验的动力；个体性是从体验的亲历性特点中衍生出来的另一个特点（体验一定是个性化的，其必然带有个人色彩，呈现出明显的个体性）；内隐性，即体验主要是借助人的内部语言进行的，因而是内隐的。

　　在课堂层面，学生体验课程是指学习主体体会课程的过程。学生在体认中完成自己与课程的意义交往，实现课程对自己的意义关照。一方面，学生通过体验来理解课程，以此实现对课程的内化；另一方面，学生通过体验，达成课程对自己的意义关照。如此看来，体验在意义建构的过程中既发挥了认识论层面的作用，又发挥了价值论层面的作用。可以说，体验

---

　　① 陈佑清：《体验及其生成》，《教育研究与实验》2002 年第 2 期。
　　② 李英：《体验：一种教育学的话语——初探教育学的体验范畴》，《教育理论与实践》2001 年第 12 期。
　　③ 刘云生：《新课程视域中的"体验"》，《辽宁教育》2004 年第 6 期。
　　④ 沈建：《体验性：学生主体参与的一个重要维度》，《中国教育学刊》2001 年第 2 期。
　　⑤ 张鹏程、卢家楣：《体验的心理机制研究》，《心理科学》2013 年第 6 期。

是学生完成对课程的内化（即课程中的知识经过学生的体验，转化为学生的个人知识），实现课程意义创生的重要途径。通过体验，学生与课程实现视域融合，从而也赋予课程生命意义。

体验与感悟是相伴而生的，个体只要有所体验，就必定会有所感悟。体验是感悟的基础，感悟是体验的升华。感悟在《现代汉语词典》中的意思是"有所感触而领悟"①。感悟包括感和悟两个部分。感是指主体对具体形象的捕捉和留存②。心理学层面的感指感知，是人对客体表层的、整体的认识。悟乃觉醒、觉悟之意。从心理学层面看，悟是一个由表及里、见微知著的认识过程，是感的深化。感与悟二者交融，便构成感悟。学术界关于感悟的理解有知识重组说、知识内化说、心理意识活动说、顿悟说及智慧说等不同说法，本研究倾向于认同心理意识活动说。该观点认为感悟是在一定情境中，主体通过直觉、联想、想象等非逻辑性的思维方式，在整体把握客观对象的基础上，进行意义创造的活动。③ 本研究认为感悟通常是主体基于整体（不拘泥于细枝末节）的建构和体验活动，表现出总体性和体验性的特质；同时，感悟也是有不同层次之分的，不同主体由于认识、理解和感悟水平的差异，面对同一个对象，有的主体的感悟浅显一些，有的主体的感悟深刻一些；另外，感悟不是主体对对象的简单复制，而是主体创生新的意义的过程，具有超越性的一面。

众所周知，学生的学习要经历内在的转化过程，通常会存在两类递进的转化：一是由教材提供的公共知识转化为学生个体知识，二是由学生个体知识转化为学生的能力、素养等。无论是哪种转化都离不开学习主体的介入，脱离学生的参与，知识永远都是外在于学生的冷冰冰的符号。体验、感悟是实现转化的两种重要方式。从一定意义上说，学生体验、感悟课程的过程也是学生体验学习、感悟学习④的过程，二者交织在一起，共同推动课堂中的意义建构的实现。学生的学习最终指向的是知识背后的价值和意义生成（这也恰恰是体验学习、感悟学习的精髓所在）。在学习的过程中，学生基于自身既有的知识、经验对课程文本进行深度体验和感悟，获

---

① 中国社会科学院语言研究所词典编辑室：《现代汉语词典》，北京，商务印书馆，2016，7版，第425页。

② 王利平：《新课标：让学生在对话中体验和感悟》，《浙江师范大学学报（社会科学版）》2003年第S1期。

③ 杜尚荣：《感悟教学研究》，西南大学学位论文，2013，第26页。

④ 感悟学习是指主体通过感受、想象、领悟等获取知识、提高能力进而完善自我的一种整体性学习方式。参考：李桂燕：《"语文感悟学习"教学设计探索》，山东师范大学学位论文，2004，第2页。

取知识所蕴含的意义，并使之成为自己的思想和精神，进而拓展自己的精神生命空间。

三、批判与反思

除了理解与对话、体验与感悟等方式之外，课堂中学生建构课程的另外两种方式是批判与反思。相对于前几种方式而言，批判与反思带有评判、质疑的成分，是意义建构的高级形式。

何谓批判？批判一词在《现代汉语词典》中的意思为"对错误的思想、言论或行为做系统的分析，加以否定""分析判别，评论好坏"①。批判作为一种思维方式最早可追溯到古希腊哲人苏格拉底的产婆术，其现代内涵则源于杜威的反省性思维。怀疑意识、平等意识和宽容意识构成了批判性思维的内在精神气质。批判是人类的一种实践活动，与文明的进步、社会的发展及个人成长有较大关系。"人类的文明进步，赖有批判精神的存在，否则社会生活，将濡滞不前，甚至流于僵化、没落。……只有容许批判的余地，才有好的社会和好的个人。"② 若从哲学的角度来理解批判，则康德的理解最具有代表性。康德认为批判有三重要义：一是它是理性主体的使命，主体具有批判的职责；二是个体对所有事物都应该运用自身的理性来加以审查；三是理性本身也要接受批判，为自己建立一个"法庭"。③ 在现实层面，"教育所期待的超越性的人，是能够对现存的生活作出反思和批判的人。人只有通过他的自觉反思与批判才有可能发现生活中的困境和问题，达到对现实生活较为全面的理解，据此实现对现存的超越"④。可见，批判带有反思性，批判和反思时常交织在一起，指向对现存的超越和重构。本研究中的批判更多的是一种积极的"反思性理解"，是指学生对既定课程的观点、视角、证据、内容进行检验和思考，在超越课程文本的基础上，产生新的见解，把握文本更深层的意义，而不是一味地接受和简单地认同文本。这里的批判并非简单的否定，批判的结果也未必就是完全抛弃原有的观念，有时也是一种澄清、拓展、补充和深化。批判与反思交织，共同促成学生对课程的再构或重塑，成为课堂中意义建构的

---

① 中国社会科学院语言研究所词典编辑室：《现代汉语词典》，北京，商务印书馆，2016，7 版，第 990 页。
② 陈友松：《雷沛鸿教育论著选》，北京，人民教育出版社，1992，第 357 页。
③ 叶飞：《批判思维与当前教育学研究的范式转换》，《教育研究与实验》2008 年第 1 期。
④ 鲁洁：《超越性的存在——兼析病态适应的教育》，《华东师范大学学报（教育科学版）》2007 年第 4 期。

重要方式。

何谓反思？《现代汉语词典》将反思解释为"思考过去的事情，从中总结经验教训"①，杜威对反思的界定是："对于任何信念或假设性的知识，按照其所依据的基础和进一步导出的结论，去进行主动的、持续的和周密的思考。"② 批判课程论者将课程视为一种"反思性实践"，有学者总结了反思性实践的五个特征：" '反思性实践' 的构成因素是行动（action）和反思（reflection）" " '反思性实践' 是在真实的而非虚假的世界中发生的" " '反思性实践' 是在相互作用的世界中、社会和文化的世界中进行的" " '反思性实践' 的世界是被建构的世界，而非自然的世界" " '反思性实践' 表现为一种创造意义的过程，该过程把意义看作一种社会性建构"。③ 当课程被视为"反思性实践"时，反思和实践就成为课程的核心话语，课程意义的创生就是在师生共同参与下，在其反思和实践的交互作用中实现的。这里，反思本身就是一种深度的课程参与，是学生基于真实的学习情境，运用已有的知识、经验，不断质疑、批判既有课程，并在此基础上重构课程。

综上所述，批判与反思是学生课程参与的两种课堂实现方式，是深度意义建构的重要途径。学生通过建设性的反思和批判，建构、生成新的课程意义，彰显自身作为课程主体的身份和地位。同时，基于批判与反思，学生建构自身存在的意义和价值，充盈自己的精神世界。

第二节　学生课程参与的课堂实现条件

实现课堂中学生课程参与需要一定的条件。有研究者将实现学生课程参与的条件归结为：满足学生相关基本心理需要；使学生产生认知冲突并提供有效的支持；整合学生行为、情感和认知维度的参与；提供多方协同的社会支持系统。④ 另有研究者认为实现学生课程参与的条件有：一是给学生赋权；二是健全和完善学生参与的制度与机制；三是建立适合学生参

---

① 中国社会科学院语言研究所词典编辑室：《现代汉语词典》，北京，商务印书馆，2016，7 版，第 362 页。

② 〔美〕约翰·杜威：《我们怎样思维·经验与教育》，姜文闵译，北京，人民教育出版社，2005，2 版，第 16 页。

③ 张华、石伟平、马庆发：《课程流派研究》，济南，山东教育出版社，2000，第 312 ~ 313 页。

④ 刘宇：《学生的课程参与：内涵、条件与策略》，《课程·教材·教法》2012 第 7 期。

与的平台和渠道；四是创建一种和谐包容的关系模式；五是培养学生的公共素养和能力。①借鉴已有的研究成果，本研究认为，实现课堂中学生的课程参与，既要有内部条件作保障，又要有外部条件支持，内外条件要共同发挥作用。

一、学生课程参与的课堂实现的内部条件

（一）激发学生的课程意识

学生课程意识是指学生作为课程的主体，在教师的引导下，参与课程资源开发和课程创生以及认知课程价值的自觉性和敏感性程度，其至少包括课程主体意识、课程创生意识、课程价值意识和课程资源意识等几个内在的构成要素。②本研究强调的是前两个要素，即课程主体意识和课程创生意识。进言之，本章所说的激发学生的课程意识就是指向对学生的课程主体意识和课程创生意识的激发。

一是激发学生的课程主体意识。课程主体意识是学生课程意识的重要组成部分，激发学生的课程主体意识是实现学生课程参与的前提和基础。缺少课程主体意识的萌发，也就谈不上学生的课程参与。受批判教育学将教育视为反思性实践的影响，批判课程论者也多将课程视为一种反思性实践，并从社会学角度加以诠释和建构。"反思性实践是一种创造意义的过程，是师生共同参与的，在特定的社会性环境和文化环境下重建意义结构的过程。离开了师生对课程意义的重建与创造，离开了主体意识的发挥，课程对人的发展价值也便无从体现。"③进言之，学生的课程主体意识一旦被激发，他们就会基于自己既有的知识和经验对课程进行诠释和重构，不断创生课程，达成课程意义的生成。毫无疑问，没有学生的能动介入，课程的个体发展价值也就无从谈起。当然，我们毫不否认在课程整体构想和设计上，课程专家和学科专家等主体占据绝对的主导地位，但这并不意味着这些课程就完全是设计者为学生预先铺设好的发展道路。事实上，学生的成长是在他主与自主、制约与独立等诸多因素相互作用的复杂环境中进行的，对他们而言，他人的生活方式只是一种参考，绝非可以简单复制的对象。同理，课程"成品"也只是学生学习的对象，学生不可能完全接受

---

① 肖建勇：《试论学生课程参与及其实现条件》，《课程教学研究》2013年第11期。
② 何荣宗、吴忠良：《学生的课程意识及其向课程行为的转化》，《宁波大学学报（教育科学版）》2006年第3期。
③ 郭元祥：《教师的课程意识及其生成》，《教育研究》2003年第6期。

它们，尤其是在课程作为"文本"的语境下，"课程不只是分门别类的'学校材料'，而是需要被理解和建构意义的'符号表征'"①。教师和学生被允许和鼓励基于已有的知识和经验对课程文本做多元建构，从而生成个体知识和意义。

二是激发学生的课程创生意识。课程要达成对个体生存及发展的意义关照，就必须通过个体的意义建构，实现课程文本向个体知识的转换，而学生课程创生意识的激发恰是完成这层转换的前提。一些研究者认为，"课程不是给定的、封闭的、静止的、一成不变的教育要素，而是开放的、复杂的、充满变数的、动态生成的教育要素"②，课程经验是在课程活动中生成的③。从课程实施的取向来看，以上观点属于典型的"创生取向"。该取向认为，真正的课程是教师与学生联合创造的教育经验，课程实施本质上是在具体教育情境中创造新的教育经验的过程④。这一取向批判和超越了课程实施的忠实取向，不再迷信既定的课程计划，认为其只不过是师生创造教育经验时的参考对象。预设的课程一般是课程设计者以对学生和社会普遍性研究及其一般特征的把握为基础的，其对课程实施中的具体情况和特殊性不可能完全"预见"，这就要求学生在课程学习过程中对既定课程酌情进行批判、改造或重构等，以实现课程在内容设计上的普遍性与实践情境中的特殊性的有机统一。

（二）激活学生已有的知识和经验

著名教育心理学家奥苏贝尔认为，进行有意义学习的条件之一是学生具备一定的知识和经验基础。当学生已有的知识和经验与新的学习任务之间产生内在的关联时，学习才能真实地发生。同理，课堂中意义建构真实发生的条件是学生已经具备的知识和经验被激活。教师应注意激活学生已有的一些知识，即"对学习新知识起支持作用的原有知识，或者说是能使

---

① 李晓峰、林君屏：《课程文本分析视阈中学生课程意识的创立》，《湛江师范学院学报》2014年第5期。

② 何荣宗、吴忠良：《学生的课程意识及其向课程行为的转化》，《宁波大学学报（教育科学版）》2006年第3期。

③ Pinar, W. F., Grumet, M. R., 1976: "*Toward a Poor Curriculum: An Introduction to the Theory and Practice of Course*", Dubuque, Iowa, Kendall Hunt Publishing Company, 111.

④ Snyder, J., Bolin, F., Zumwalt, K., 1992: "Curriculum Implementation", In Jakson, W. P. (ed.), *Handbook of Research on Curriculum*, New York, Macmillan Publishing Company, 418~427.

所获得的新知识被固定在认知结构中某一部位的那些知识"①。此外，教师也应注意激活学生的一些经验，不能否认经验的存在。"你无法否认学生有经验，你也无法否认这些经验与学习过程有关，尽管你可以说这些经验是有限的、不完善的、不成熟的等等。……我们可以设法对那种经验进行批判，我们也可以超越它，但是，我们却不能否认它的存在。"② 激活学生已有的知识和经验，打通"已知"与新知识之间的通道，促进意义建构的发生，是实现学生课程参与的重要内部条件。

换一个视角来审视学生已有的知识和经验，会发现其与哲学解释学中的前理解（又称成见或前见等）十分相似。前理解是理解主体的存在状态，是相对于理解主体某一理解行为前的作为其存在状态的理解③。海德格尔对此做了进一步阐述，他认为理解的先决条件有三个：一是先有，二是先见，三是先知。④ 依据海德格尔的观点，任何人都是存在于一定社会、文化之中的，有特定社会和文化的烙印。这些因素构成了个体的"前理解"，其无时无刻不在影响和制约着人对任何对象的理解。换言之，有"前理解"的存在，理解方能实现。据此可知，学生从来都不是一个"空瓶子"，其在理解课程之前都是一个"有知"的个体，具有一定的知识、经验和技能等，学生已有的知识和经验（或称"前理解"）是其理解和重构课程的先决条件和基础。因此，要实现学生对课程的意义建构，就必须激活学生已有的知识和经验。

（三）提升学生的课程能力

课堂中的意义建构要得以实现，除了增强学生的课程主体意识和创生意识，激活学生已有的知识和经验外，提升学生的课程能力更是其中一个重要的内部条件。课程能力中的一个关键词是能力。从词义上理解，能力是指人能胜任某一项任务的主观条件；从心理学视角看，能力是一种心理

---

① 顾泠沅：《教学实验论——青浦实验的方法学与教学原理研究》，北京，教育科学出版社，1994，第116页。

② 〔美〕亨利·A. 吉罗克斯：《跨越边界——文化工作者与教育政治学》，刘惠珍、张弛、黄宇红译，上海，华东师范大学出版社，2002，第19~20页。

③ 张天勇：《文本理解何以可能——哲学解释学对理解条件的探索》，《青海社会科学》2004年第1期。

④ "先有"是指每个人都降生并存在于某一文化中，历史与文化在我们意识到它们之前，已经占有了我们。正是这种存在上的先有（是我们理解行为发生的先决条件），才使我们有可能理解历史文化传统和我们自己。"先见"是指我们在思考与理解时所借助的语言、观念以及运用语言的方式。"先知"是指我们在理解某一对象前已具有的观念、前提和假定等。参见：张天勇：《文本理解何以可能——哲学解释学对理解条件的探索》，《青海社会科学》2004年第1期。

特征，是顺利完成某种活动的心理条件；从哲学角度看，能力是指人在认识和实践活动中形成、发展并表现出来的能动力量。

何谓课程能力？目前，学术界对于课程能力的内涵尚没有统一的说法。有研究者认为，课程能力是个体基于自身的素质，在课程实践活动中形成、发展并直接影响活动目标达成及其成效的力量。① 另有研究者认为，课程能力是指课程实践的相关主体在完成课程设计、实施、评价、管理等任务时，其所需要的素质基础和实践智慧等。② 综合各家观点，我们认为，课程能力是一种内涵丰富、结构复杂的综合性实践能力，是课程主体自身所拥有的并运用于课程活动中，直接影响课程活动实施进程，决定课程活动成效的能动力量，其通常包括课程决策能力、课程设计和开发能力、课程实施能力、课程评价能力、课程管理能力等几个方面。从已有的文献来看，但凡提及课程能力，多是探讨教师的课程能力，很少有专门探讨学生课程能力的研究。事实上，在当前凸显学生课程主体身份的大背景下，学生课程能力将成为一个重要的研究课题。相对于教师课程能力而言，学生课程能力更多地指向学生参与课程实施的能力，即理解和建构课程的能力。因此，此处所谓学生课程能力的提升，主要是指在课程实施中提升学生进行课程理解和建构的能力。

因不同个体之间存在差异，每个人的理解能力是不同的，理解的结果也存在较大差别。在课程实施过程中，尽管所有学生都被要求对既定课程进行意义建构，但事实上，因学生的认知结构、认知能力存在差异，不同学生理解和建构课程的能力参差不齐，其实际理解和建构课程的结果也存在差异。学生的知识和经验储备得越丰富，其认知能力相对来说就越强，其理解和建构课程的能力也就越强。若学生的知识和经验较匮乏，则其理解和建构课程时会遇到较大困难。为此，在引导学生进行意义建构的过程中，要提升学生的课程能力，使他们的认知结构不断趋于完善，从而能更好地理解、体验课程以及建构课程。

二、学生课程参与的课堂实现的外部条件

前文已述，课堂中学生理解和建构课程的过程与学生的学习以及学生对知识的自主建构是一体的，一定意义上说，意义建构的外部条件与学习

① 耿秀丽：《论教师课程能力的提升》，河南大学学位论文，2009，第9页。
② 张烨：《课程能力：一种构建教师"教育眼光"的专业整合能力》，《当代教育科学》2009年第13期。

的外部条件有相通之处。

当前，在有关学习理论中，建构主义学习理论为显学。该理论认为，整个学习过程的最终目标是实现学生的意义建构。具言之，建构主义学习理论强调以学生为中心，在整个教学过程中，教师起组织者、指导者、帮助者及促进者的作用，充分发挥学生的主动性、积极性和首创精神，最终达到使学生有效地实现对当前所学知识的意义建构的目的。① 从外部"辅助"条件来说，要实现学生对既定课程的意义建构，就必须适当给学生赋权，建立和完善学生课程参与制度，创设学习情境，搭建"脚手架"，合理利用各种教育资源，等等。

（一）适当给学生赋权

在当下的教育世界中，尽管要求把学生作为主体的呼声一浪高过一浪，但在现实的学校生活中，教育者依然普遍地把学生当作塑造和培养的对象，学生的自主权相当有限，其自主行为还是被刻意地压制在狭小的领域内。同时，受传统思想观念的制约，学生与课程之间隔着一定的距离，这种距离造成学生（甚至教师）对课程"敬而远之"。为此，要推动学生参与课程，达成课堂中学生对课程的意义建构，就必须做到外部分权和内部增权相结合。所谓外部分权是指，"对成人现有的课程决策和管理权进行合理分割，把其中一部分直接赋予学生"；所谓内部增权是指，教育者鼓励学生进行探究式学习，引导他们寻求发展，帮助学生发展自主性的过程。② 获得权力的学生参与课程决策和课程管理的积极性将更加高涨，思维将更加活跃，将能够更加主动地根据自己的知识背景，运用加工策略，主动对课程知识进行理解和建构。

（二）建立和完善学生课程参与制度

课堂中学生的课程参与不是可有可无的，它是实现从理想课程向体验课程顺利转换的基础，是实现课堂层面学生对课程的意义建构的重要保证。因此，建立和完善学生课程参与的相关制度，使其参与行为规范化、程序化，保证学生课程参与有序和可持续推进就显得尤为重要。如建立和完善合理有效的利益诉求表达机制，保证学生的声音能在正常的渠道下得到传递，即让学生的诉求有表达空间，以便及时发现并实现学生的参与愿望；建立和完善课程信息发布制度，努力使课程资讯保持透明，实现平台资源

---

① 何克抗：《建构主义——革新传统教学的理论基础（二）》，《学科教育》1998 年第 4 期。
② 肖建勇：《试论学生课程参与及其实现条件》，《课程教学研究》2013 年第 11 期。

共享，保证学生的课程信息知情权；建立和完善适当的反馈机制和评价机制，激发学生提高自身能力的热情和课程参与的积极性。

（三）创设学习情境

良好的学习情境的创设是促进学生课程参与，助力学生有效理解和建构课程的重要条件。情境在词典中的含义为情景、境地①。学习情境是指由影响个体学习行为的各种刺激所构成的特殊情境，创设学习情境就是要构建有助于学生进行意义建构的特殊情境。在建构主义学习理论视野中，教师在课堂中所创设的情境对意义建构有着至关重要的作用。从宏观上看，人类知识的形成必然受到人所处的社会文化及情境的影响，学生的学习也总是发生在一定的社会文化背景中，学习不仅仅是个体内化知识的过程，其也是一种社会性互动与协作活动。从微观上看，学习总是基于特定的课堂情境，每一节课其实都是一个真实的情境。实际情境给予学生亲身探索和经历事物的机会，可以激发学生探究的欲望，激活学生的思维，使学生积极主动地通过同化或顺应进行有效学习，在达成对新知识意义建构的同时，也使自己的认知结构发生量变或质变，有实质性的成长。

（四）搭建"脚手架"

教学是一种双边活动，学生的学习离不开教师的指导，搭建"脚手架"便是教师帮助学生实现意义建构的一个重要的外部条件。脚手架又称"支架"，原本是指为了帮助工人施工而架设在建筑物外部的一种设施，后来，教育心理学家将其引入教育领域，其含义被拓展为在学习过程中辅助学习者提高认知水平的支架。建构主义理论借用脚手架概念，提出了支架式教学模式，即教师为学生的学习搭建支架，帮助学生理解特定知识，建构知识意义。"'脚手架'的功能就是帮助处于实际发展层次的学习者，跨越最近发展区，进而达成潜在的发展。学习者能力的提升就是表现为，不断从借助别人的支持到摆脱支持，逐渐达到独立完成任务的水平，并经由学习建构出属于自己的知识。"② 在教学过程中，教师通过搭建脚手架，可降低学习任务的难度，减轻学生的认知负担。但需注意的是，教师在搭建脚手架时，要考虑一般性和特殊性。一般性是指在意义建构时常用的具有普遍意义的处理方式和方法；特殊性则指教师通过对新知识进行分析，从

---

① 中国社会科学院语言研究所词典编辑室：《现代汉语词典》，北京，商务印书馆，2016，7 版，第 1068 页。

② 王洁：《课例研究：理论转化为实践的中介——以课例为载体的校本教学研修》，《教育发展研究》2006 年第 23 期。

中找出对新知识具有特殊意义的方式和方法。

（五）整合利用各种课程资源

课程实施的范围和水平会受到诸多因素的影响和制约，课程资源的丰富程度及其开发和运用水平便是其中之一。课堂中学生的课程参与主要落在课程实施层面，因此，课程资源的丰富性和适切性会影响课堂中学生对课程进行意义建构的程度和效果。整合利用好各种课程资源是实现学生课程参与的又一个重要的外部条件。课程资源是"课程设计、编制、实施和评价等整个课程发展过程中可资利用的一切人力、物力以及自然资源的总和"①，教师要善于整合和利用校内外丰富的课程资源，具言之，可建立课程资源数据库，统整校内外各种有助于课程实施的资源；加强课程资源的整合力度，为学生的学习提供多样化的课程资源。这些在拓展学生思维空间的同时，也有利于学生吃透课程主题，进行深度学习。教师要通过对多种课程资源的整合和利用，促进学生主动对课程进行意义建构。

第三节　学生课程参与的课堂实现机制

机制一词在《现代汉语规范词典》中的含义是"由事物的内在规律及其与外部事物的有机联系所形成的系统"②，也即一种活动或现象赖以发生和发展的机理。课堂中学生课程参与的实质是一种意义建构，也即学生对课程知识的建构。③ 因此，探讨特定课堂情境中实现学生课程参与的内在机制也就是探讨课堂中学生对课程知识的建构机制。一些研究表明，知识是认知主体在一定的认知情境中建构的结果。知识的建构机制，就是知识的建构主体在认知过程中与认知对象、社会文化情境之间互动的机制。④本节将探讨学生课程参与的课堂实现机制。

---

① 段兆兵：《课程资源的内涵与有效开发》，《课程·教材·教法》2003 年第 3 期。
② 李行健：《现代汉语规范词典》，北京，外语教学与研究出版社、语文出版社，2004，第 601~602 页。
③ 在课堂中，学生对课程的意义建构与学习是同时发生的，学习不只是学生对新信息的简单吸收，而是个体通过新旧经验的相互作用实现意义建构，即新经验需要被同化到原有经验结构之中，新经验的进入又会在不同程度上导致原有经验结构的调整和改变，通过这种相互作用，学生才能形成更丰富、更灵活的认知结构。从这个意义上说，学生对既定课程的理解和意义建构的过程就是学习的过程。因此，意义建构的内在机制与学习的内在机制可以"共享"。
④ 陈坤明、李建国：《试论知识的建构机制》，《学术论坛》2006 年第 10 期。

一、问题：意义建构的驱动力

何谓问题？《现代汉语词典》中"问题"的其中一个内涵是："须要研究讨论并加以解决的矛盾、疑难。"① 从宏观来看，人类社会的发展历程总是伴随着形形色色的矛盾和疑难，而这些矛盾和疑难的解决又驱动着社会向前发展。问题对促进科学繁荣和文化发展功不可没，著名科学哲学家波普尔曾指出："科学和知识的增长永远始于问题，终于问题——愈来愈深化的问题、愈来愈能启发新问题的问题。"② 从微观来看，问题对促进个体认知发展有显著意义，因为问题的出现打破了个体原有的认知平衡，迫使个体产生内在的紧张感，继而激发其探索和求知的欲望。随着问题的解决，个体的认知结构又趋于平衡，个体的认知结构就是在平衡—不平衡—平衡的反复中不断完善和提升的。透视课堂中意义建构的发生机理，我们认为问题同样发挥着认知驱动的作用，"唯有'问题'才与'动力'存在直接联系。思维中的矛盾总是不以任务形式而以问题形式呈现，它只有在具有问题情境的条件下才会被感受为主观上的疑难。因此，问题式学习的动力只能是学习性问题"③。这里的问题究其本质而言是主体现有认知水平与客观需要之间的矛盾，即认知矛盾。认知矛盾的不断激化驱动着个体学习行为的产生。学习者在建构意义的过程中，问题解决活动有可能使其更主动地激活自己的原有经验，分析当前的问题情境，通过积极的分析、推论活动生成新理解、新假设④。

建构主义理论主张，学生的学习、意义建构及教学生成活动始终是交织在一起的。于是，以问题为驱动的教学生成系统的动力机制也就成了意义建构的运行机制，即认知主体在内外信息的刺激下产生问题，问题引发认知需要，在认知需要的驱动下，认知主体的思维沿着认知需要的指向运行，由此不断地促进个体知识的生成。⑤ 问题既然是推进学生学习的动力，那么，学生在理解和建构课程时，就可以通过解决问题来加深对知识的理解，从而实现意义建构。在认知心理学中，问题解决是指一系列有目的的认知操作过程，其基本特征有三：第一，在问题解决的过程中，必须有认

---

① 中国社会科学院语言研究所词典编辑室：《现代汉语词典》，北京，商务印书馆，2016，7 版，第 1376 页。

② 〔英〕卡尔·波普尔：《猜想与反驳：科学知识的增长》，傅季重、纪树立、周昌忠等译，杭州，中国美术学院出版社，2003，第 285 页。

③ 毕淑芝、王义高：《当代外国教育思想研究》，北京，人民教育出版社，1993，第 136 页。

④ 张建伟：《基于问题解决的知识建构》，《教育研究》2000 年第 10 期。

⑤ 李祎：《教学生成系统的结构分析》，《宁波大学学报（教育科学版）》2009 年第 2 期。

知成分的参与；第二，问题解决具有目的指向性，即问题解决具有明确的目的；第三，问题解决包含一系列操作。① 在教学中，让学生解决问题可促进学生对课程的理解和建构，如小学生刚接触分数这个概念时会觉得它抽象难懂，教师若直接讲分数这个概念是很难有理想的效果的，学生也很难真正理解它。此时，教师若转换思维方式，用学生日常生活中分东西的实例切入，引导学生进行问题解决式学习，学生则会在思考和探索的过程中把握分数的基本要义。这种通过解决问题来加深对知识的理解，在理解中学习新知识的方式也是学生建构课程的一种重要策略。

课堂中学生对课程的意义建构是一种深层次的课堂参与，学生的思维参与其中，而非只有表面的行为参与。问题要成为个体思维的动力，就必须具备良好的载体性和一定的挑战性这两个基本条件。② 载体性是指问题要承载课程（教材）中的核心概念、基本原理或思想方法，通过对问题的探究、分析和解决，学生能掌握所要学习的知识。这里，知识寓于问题之中，问题激发着学生去积极思考，问题成了思维的驱动力。挑战性是指问题要具有一定的难度，要让学生体会到"跳一跳方能摘到桃子"；要能激发学生内在的认知冲突，激起学生积极探究的冲动。满足这两个条件的问题，能使得学生对课程的理解、建构具有意义性和持续性，意义建构系统也因此能持续运行。

二、意义建构的心理机制：同化与顺应

在心理学中，心理机制一词是指心理现象运行的结构，其既包括动态的心理运行过程，也包括静态的心理结构。③ 意义建构就是认知主体在已有的认知结构的基础上通过同化和顺应，参与对课程的认识和理解，从而得出结论。具体到课堂，学生面对的主要是教材知识和教师教学知识，因此，课堂中学生建构课程的心理过程就是学生通过同化和顺应这两种心理机制，理解和建构教材知识和教师教学知识的过程。

同化和顺应是著名心理学家皮亚杰的发生认识论中的两个基本概念。在皮亚杰看来，任何外部刺激要被主体的认知结构所接受，都必须通过同

① 刘希平：《学会思维》，天津，百花文艺出版社，2000，第14页。
② 李祎：《教学生成系统的结构分析》，《宁波大学学报（教育科学版）》2009年第2期。
③ 张鹏程、卢家楣：《体验的心理机制研究》，《心理科学》2013年第6期。张鹏程、卢家楣指出，从动态角度看，心理机制不仅包括有机体某种心理现象如何产生，也包括该心理现象的发展趋势。从静态的角度看，心理机制还反映了有机体发生某种心理变化时，某种心理元素的状态或与之相连的各心理元素之间的关系。

化和顺应这两种机制。就学生的意义建构过程而言，同化是指新的学习内容或呈现的新刺激被学生原有的认知结构纳入①；"顺应"则指学生在接受新刺激或新知识的过程中，原有的认知结构不能纳入这些新刺激或新知识，为此，学生必须调整或重建原有的认知结构以保持其机能，从而使其能够吸纳新知识或新刺激。有研究者指出，学习不只是新信息的简单吸收，而是通过新旧经验的相互作用而实现的意义建构，即新经验需要被同化到原有经验结构之中，而新经验的进入又会在不同程度上导致原有经验结构的调整和改变。只有通过新旧经验的相互作用，学习者才能发展起更深层、更丰富、更灵活的认知结构。② 具体到课堂中的意义建构，同化和顺应机制在学生理解和建构课程的过程中可以通过下位学习和上位学习③的形式来发挥作用。除了下位学习和上位学习外，还有并列结合学习④这种学习形式。

同时，意义建构还是一个动态的过程，是一个在同化和顺应的基础上不断对课程进行重新编码⑤的过程。有研究者进一步将这种编码的过程分解为对知识的选择和接收、加工和储存、应用和迁移三个步骤。⑥该研究者所归纳的三个步骤揭示了个体对知识进行重新编码的过程：选择和接受知识是对其进行重新编码的前提。面对新知识（信息），学习者会酌情而定：或全部接收（同化）或部分接收（顺应）或拒绝接收。加工和储存知识是对知识进行重新编码的关键，它能推动新旧知识（信息）间的深度交互作用，让新知识（信息）真正成为学习者认知结构的组成部分。应用和迁移

---

① 奥苏贝尔对个体认知结构的形成和发展持同化论，认为个体获得知识的心理机制是同化。因此，本页正文中所说的同化过程实际上等同于奥苏贝尔所探讨的有意义学习的过程。从心理学角度看，课堂中学生意义建构的过程与有意义学习的过程是同步的，前者的具体过程是：首先，学生从已有的认知结构中找到对新学习的知识起固定作用的观念，即寻找一个同化点；其次，学生根据新知识与同化它的原有观念之间的关系是上下位关系还是并列关系，将新知识置于认知结构的合适位置，与原有观念建立相应的联系；再次，学生对新知识进行精细的分化；最后，学生在新知识与其他相应的知识之间建立联系，使它们成为一个完整的观念体系。这样，学生对知识的理解达到融会贯通的状态，原有的认知结构也会因新知识的纳入而更加完整。

② 张建伟、孙燕青：《通过问题解决来建构知识——内在条件分析》，《教育理论与实践》2001 年第 11 期。

③ 这两个概念的含义可参见：邵瑞珍：《教育心理学》（修订本），上海，上海教育出版社，1997，第 76~78 页。

④ 关于并列结合学习的含义，可参见：邵瑞珍：《教育心理学》（修订本），上海，上海教育出版社，1997，第 79 页。

⑤ 相关分析可参见：任长松：《探究式学习——学生知识的自主建构》，北京，教育科学出版社，2005，第 170~173 页。

⑥ 王海英：《儿童的知识建构》，《上海教育科研》2005 年第 12 期。

知识则是对知识进行重新编码的最终目的，学习者能借此实现从知识到能力的转化。另有研究者从辩证唯物主义的视角理解意义建构，提出了意义建构的心理机制模型①，此处不作详细介绍。

三、意义建构的社会内化机制：协商

由于任何心理活动都与一定的文化、历史和风俗习惯密切联系在一起，因此，学生对课程知识的建构不仅是在物理环境、心理环境中进行的，其也必定存在于一定的社会文化背景中，从而呈现出社会性特征。当今建构主义的发展趋势是开始关注社会文化环境在知识建构中的重要性，因此社会建构主义日益引人关注。社会建构主义的核心思想是强调知识的建构是在一定的社会文化情境中通过人与人的交互作用完成的。从这个意义上说，课堂中学生对课程知识的建构不单纯是个体心理层面的建构，同时也是个体社会层面的建构，是师生在特定的社会场域中通过协商实现课程知识内化的过程。探讨学生对课程知识的社会建构一般可从两个层面着手：一是在课堂教学层面上，探讨学生掌握给定的课程知识的过程，探究学生建构课程知识的社会内化过程与机制；二是在课程知识的生产层面上，探讨人们如何从人类知识总体中通过教育手段生成课程知识。本研究选择探讨课堂中学生建构课程的社会内化机制。

若从教育社会学的视角来看，课堂教学中课程知识的转化过程的实质就是知识的社会建构过程。"知识的建构过程充满着矛盾和斗争，即作为合法化的教科书知识与建立在个人生活经验基础上的教师和学生的个人知识之间的矛盾和斗争，充斥着整个教育教学过程。"② 科学知识社会学进一步提出，"包括自然科学知识和社会科学知识在内的所有各种人类知识都是处于一定社会建构过程之中的信念；所有这些信念都是相对的、由社会决定的，都是处于一定的社会情境之中的人们进行协商的结果"③。新教育社会学代表性人物扬在汲取知识社会学的观点的基础上探讨了课程实施问题。他在充分肯定知识是由人诠释、创造的（"社会建构性"）基础上，认为课程实施过程即课程实践过程，是学生基于自己已有的知识、经验去

---

① 张文兰、杨开城：《建构主义思想的辩证唯物主义解析暨意义建构的心理机制的探讨》，《电化教育研究》2004年第2期。

② 齐学红：《教学过程中知识的社会建构——一种知识社会学的观点》，《南京师大学报（社会科学版）》2003年第1期。

③ 〔英〕大卫·布鲁尔：《知识和社会意象》，霍桂桓译，北京，中国人民大学出版社，2014，译者前言第6页。

主动建构课程与理解、建构社会而获得知识的过程，在这一过程中，包括学校知识在内的所有知识都是主体间通过协商建构的。可见，扬进一步强调了协商的作用。此外，他还主张深入学校和课堂，揭示课程知识建构的具体机制。

基于对教育社会学中的相关理论的考察可知，知识是协商的结果，即知识是学习者与他人通过社会性协商所达成的共识，学习是针对知识进行社会性协商的活动。这种社会性具体可以从学习条件和学习过程两个方面加以阐释。在学习条件方面，首先，社会建构主义强调学生在学习过程中主体性的发挥，尊重学生作为学习主人的身份，关注和突出学生的"前见"及其意义。其次，社会建构主义关注知识的社会情境性，强调知识的社会性特质，主张学习是个体通过与特定社会情境中其他主体之间互动、协商完成的。最后，社会建构主义强调知识是由实践共同体共同建构的，而并非由个人建构的。在学习过程方面，社会建构主义主张学习是学习者根据自己的知识背景，在他人协助下，在社会情境中主动建构意义的过程。① 至此，我们可以明确课堂中主体对课程的社会建构机制主要是教师与学生、学生与学生这两类主体间的交互作用，具体而言是协商：师生、生生在特定的社会场域——课堂——中通过交往、对话等互动形式进行沟通，以此来建构知识的意义，最终实现知识意义的"共享"或"普遍化"。

此外，关于学生课程参与的课堂实现研究还涉及学生课程参与的路径问题。刘宇在梳理、总结多位学者的分析结果的基础上，将课堂中学生课程参与的基本路径厘定为个体参与和社会参与。② 与之相对应的是课堂中学生课程参与的两个维度：个体心理维度和社会文化维度。本研究对这两个维度都有所涉及，并将其有机整合在意义建构的心理机制和社会内化机制中，这里不单独论述它们。

---

① 郑东辉：《社会建构主义学习理论述评》，《宁波大学学报（教育科学版）》2004年第6期。

② 刘宇：《意义的探寻——学生课程参与研究》，华东师范大学学位论文，2009，第77页。

第五章　学生课程参与的课堂实现过程

课堂情境中学生课程参与的本质是进行意义建构。那么，在具体的课堂情境中学生是如何进行意义建构的呢？学生对课程的建构包括三个方面：第一个方面是学生对正式课程进行解读、理解，在理解中建构新的课程知识和意义；第二个方面是学生在课堂中对教师已经建构的课程（即师构课程）重新进行建构，在重构中完成课程知识和意义的转化；第三个方面是学生体验课程，完成课程知识和意义在转化中的提升。本章拟就正式课程、师构课程及体验课程等三个层次的课程阐述学生课程参与的课堂实现过程。

第一节　学生对课程的理解——在理解中建构

课程要在课堂情境中对学生产生影响，就必须通过学生的理解和建构来实现。只有通过理解，课程才能深入学生的经验之中，学生才能创造性地与课程相互作用，获取新的意义与经验。[1] 学生对课程的理解是实现课程的教育意义的前提。

一、学生理解课程的取向

有研究者将教师理解课程的取向划分为三种，即传统的理解取向、对话或融合的理解取向、解构的理解取向。[2] 本文拟借鉴这一分析框架阐述学生理解课程的取向。

一是传统的理解取向。传统的理解取向可追溯至古希腊时期的古典解释学。古典解释学后来经过施莱尔马赫和狄尔泰的系统化，被发展成人文社会科学的一般方法论。纵观早期的解释学发展史，可见一种明显的迹象，

---

[1]　吴支奎：《论课程与学生幸福——基于知识意义的视角》，《教育评论》2009 年第 5 期。

[2]　杜志强：《领悟课程研究》，西南大学学位论文，2006，第 38~41 页。

即"在二十世纪以前的西方解释学传统中，无论是最早的古希腊的解释学，还是中世纪的'释义学'和'文献学'，甚至德国近代施莱尔马赫和狄尔泰的哲学解释学，其中贯穿着一个明显的客观主义精神，即传统解释学一致主张：解释学努力要帮助读者去把握'本文'的原意，去把握创作该本文作者的原意"①。用其他研究者的话说就是："文本具有不可破坏的本义，这种本义是客观存在的；解释的目的就是要发现和获得文本的本义；要获得文本的本义，解释者必须放弃自己的主观理解。"②

基于古典解释学的传统的理解取向强调文本作者是文本的缔造者，其主宰着文本。若从这一取向出发，就课程而言，教师对课程的理解是指教师能在多大程度上理解课程设计者的意图和思想，能在多大程度上把握课程设计者的主旨③。同样道理，用传统的理解取向来看学生对课程的理解也是如此——学生的任务和使命就是尽量还原课程的原意，逼近作者的意图。在传统的理解取向的主导下，学生按照等级排在文本作者和教师的后面。这里，学生既要受到排在第一位的作者的规训，又要受到排在第二位的教师有意无意地"干扰"，学生实际上很难自由地理解正式课程文本。如此一来，学生的理解常常被视为教师理解的延伸，其延伸范围受到教师理解的限制④。

二是对话或融合的理解取向。这种理解取向根植于哲学解释学。读者通过对话，与文本作者进行跨越时空的交流，文本的意义在读者与作者的视域融合中生成。文本的意义和读者的理解共同处于动态的生成过程中，理解的过程实际是文本和读者的前理解之间相互作用的过程，而每一次理解都是意义生成的过程，文本因此是意义的源泉，而不是一个静态存在的僵化之物。

建立在哲学解释学基础上的对话或融合的理解取向强调学生与学习对象的对话，并基于此实现视界融合，进而生成意义。为此，学生在理解课程时，就必须积极发挥主观能动性，带着自己的经验和知识走进课程，大胆突破课程文本中静态的文字符号的框限，走进课程文本的"心灵"深处，通过与课程文本的对话建构课程。

---

① 〔美〕E.D. 赫施：《解释的有效性》，王才勇译，北京，生活·读书·新知三联书店，1991，中译本前言第 1 页。此段引文中的两个"本文"，疑为"文本"。——编者注
② 涂元玲：《解释学视野中的"文本"观及启示》，《教育研究与实验》2003 年第 2 期。
③ 姜勇、郑三元：《理解与对话——从哲学解释学出发看教师与课程的关系》，《全球教育展望》2001 年第 7 期。
④ 杜志强：《领悟课程研究》，西南大学学位论文，2006，第 39 页。

三是解构的理解取向。该取向是基于解构主义理论。解构主义是兴起于 20 世纪 60 年代的法国的一种反传统思潮，当时席卷了法国的人文社会科学的诸多领域。就哲学层面而言，解构主义是在否定和反叛结构主义基础上逐步形成的一个哲学派别，它大胆挑战了传统中不容置疑的哲学信念，以消解结构、否定文本的终极意义为根本旨趣。解构主义语境呈现的是去绝对权威、去中心、个人的、多元的景象。解构主义视域中的理解超越了文本的符号和意义，指向更为自由、广阔的意义空间。

基于解构主义的解构的理解取向强调，不存在绝对的真理性知识，正式课程的绝对权威应该被消解，教材不是高高在上让人顶礼膜拜的"圣经"，它只不过是人们的一种主观建构。解构的理解取向鼓励学生对对象进行解读和批判的精神，增加对既定课程文本理解的范畴，从而突破教材的终极意义窠臼，探寻课程文本更广阔、多元的意义。

上述三种理解课程的取向各有独立的价值和适用范围。传统的理解取向完全是对课程文本及其编撰者的原意的复原性表达，追求"原汁原味"。这种取向在一些学科的学习中有其优势，但该取向本质上受技术理性支配，使得学生对课程的理解变成线性的、机械的还原过程，学生的主体性和创造性遭受压制。解构的理解取向能彰显学生在理解课程文本时的主体性和创造性，鼓励学生质疑和挑战权威，大胆地、创造性地理解和建构正式课程，它所倡导的是一种主观主义的理解，其在综合实践活动中有较强的适切性。这种取向追求学生对课程文本的超越性理解，本质上受解放理性支配，在实践中容易走极端，会导致学生置客观事实不顾，随意建构课程文本，甚至曲解、误读课程文本的倾向。相对于传统的理解取向和解构的理解取向来说，对话或融合的理解取向更为理性和合理，它在课程文本的客观性、生成性与学生理解的忠实性、境遇性之间做到了很好的兼顾：既考虑到正式课程文本的客观性和确定性，又照顾到学生理解的变动性和语境性；既关注学生在理解课程的过程中的主体性，又不失对课程的适度把握。这一取向以实践理性为旨趣，代表着学生理解课程的主要方向。

二、学生理解课程的过程

学生理解和建构课程的活动主要发生在课堂中，而广义的课堂在时间层面不仅仅指正在教室里进行的教学活动，其还应该包括课前和课后的一系列活动。因此，我们将学生理解课程的过程分为课前预习——初步理解、课中理解——具体建构和课后理解——反思建构三个阶段。本研究将结合前期通过课堂观察以及对任课教师进行访谈等所获得的资料，探讨学生理解课程的具体过程。

（一）课前预习——初步理解

预习是学生正式理解课程前的一个重要环节。预习的含义为"学生在课前预先独立地学习有关材料，为课堂学习作准备"①，展开一点，预习是学生自觉运用已有的知识、经验对课程文本（或教师所要讲授的新内容）进行感知、思考，获得初步感悟的过程。"预习的目的是让学生初步了解教材的内容，使学生在上课时对教师教的内容思想上有所准备，让学生运用已经学到的知识和技能进行尝试性的理解，克服困难取得认识，让学生发现自己已有的知识、经验与新知识、技能之间的差距，以便带着问题听课，有目的地分配自己的注意力。"② 当然，学生通过预习，对课程的理解也许不够深入，但其为课堂学习奠定了一定的基础，正如叶圣陶先生所说，"学生在预习的阶段，固然不能弄得完全头头是道，可是教他们预习的初意本来不要求弄得完全头头是道，最要紧的还是在让他们自己动天君。他们动了天君，得到理解，当讨论的时候，见到自己的理解与讨论的结果正相吻合，便有独创成功的快感；或者见到自己的理解与讨论结果不甚相合，就作比量短长的思索；并且预习的时候绝不会没有困惑，困惑而没法解决，到讨论的时候就集中了追求解决的注意力"③。通过预习可使学生听课目的更明确，积极性更高，思维更活跃。同时，预习能使学生获得与所学内容相关的知识背景，这为学生在课堂中顺利理解新的知识奠定了良好的基础，对提高教学质量有重要的意义。

预习在内容上一般包括收集与所学课程内容相关的素材，阅读参考书及相关资料，预习教材，其中预习教材是预习活动的核心环节。预习教材的步骤大致是：首先是粗读教材，领会教材的大意；其次是细读教材，列出重点及难点；最后是对自己对教材中暂不理解的内容作相应标记，对部分有个人见解或心得的内容做笔记，尝试做一些简单练习，检验预习的效果等。通过预习，学生整体把握了教材的结构体系、重难点等，并尝试调动已有的知识和经验与新的学习任务之间进行对接，对教材中的要点进行初步理解和自主建构，为后续的正式学习做铺垫。笔者在调研过程中看到了一位学生在预习小学阶段数学课本上"分数除法"这部分内容时做了不

① 顾明远：《教育大辞典》（增订合编本）（下），上海，上海教育出版社，1998，第1951页。
② 耿文婧：《浅谈预习在数学教学中的重要性》，《内蒙古民族大学学报》2008年第4期。
③ 中央教育科学研究所：《叶圣陶语文教育论集》（上册），北京，教育科学出版社，1980，第67页。

少标记，并就此事对这位学生进行了访谈。

笔者：书上的标记都是你做的？

生：是的，老师要求我们对重要知识点做标记，可以画线，也可以画星号之类的记号。

笔者：你觉得"分数除法"这部分内容难吗？"倒数的认识"呢？

生：还行。前面我们已经学习了分数乘法，这里只不过是把乘法变除法而已，不难！我数学还可以（腼腆地笑了下）。至于"倒数"，我们以前没学过，教材中说"乘积是1的两个数互为倒数"，有点不太理解，等老师讲解吧。

笔者：预习后，书上的练习题都会做了吗？

生：差不多吧，就是那个判断题有点难。

这位学生在教材上的核心概念——"倒数"的定义下画了横线，对方框中的两点规律性认识做了标记，同时将有个人见解或心得的内容——"1的倒数是1，0没有倒数"——直接写在教材的空白处，完成了相关习题。"分数除法"是人民教育出版社2014版六年级数学（上册）第三课的教学内容。该册书的第一课，安排了分数乘法的相关知识。这名学生在预习"分数除法"这部分内容时，运用了自己已有的关于乘法的知识和经验，对"分数除法"这部分的内容进行了初步感知和理解，重点对"倒数"概念做了尝试性理解，初步建构了"互为倒数的两个数的分子、分母正好颠倒了位置"的认识，为后面"除以一个分数就是乘以这个分数的倒数"的学习奠定了良好的基础。此外，该生在接受访谈时说自己对"乘积是1的两个数互为倒数"不太理解，这恰恰说明了预习的功能：让学习中的基本矛盾——学生已有的认识水平和新的学习任务之间的矛盾——充分暴露出来，进而激发学生积极主动地投入学习，带着问题听课，有目的地分配注意力，最终化解矛盾，实现个体认知从潜在水平向现实水平转化。

（二）课中理解——具体建构

意义建构是学生在已有知识、经验基础上接受、理解、深化、扩展课程文本的内涵的过程，其中理解是一个重要的环节。学生理解课程文本，首先是从整体感知课程文本入手，再通过解读、体悟，对课程文本进行心理建构，进而深刻领会课程文本的内在意义。这一过程通常包括整体感知、具体理解、延伸拓展和理性评判等几个递进的层次。这几个层次互相联系和渗透，构成一个动态的、有序的、完整的理解过程。

1. 整体感知

有研究者指出，"系统整体的功能不等于各孤立的组成部分功能之和。假如整体内各组成部分之间的联系是互补的、协调的，那么，这些部分的组合就会形成一个新的整体功能，其功能要大于各部分功能的总和"①。作为学生理解正式课程的起始环节，整体感知是指学生首先从整体上把握课程文本的架构，总览其面貌，为接下来的具体分析和深入理解奠基。学生对所学教材内容的整体感知就是阅读或领会认知对象，从整体上了解和把握其框架，完成对其初步理解和自主建构的过程。

学生整体感知"三国鼎立"课文内容后所做的笔记②

东汉末年，社会动荡，这一时期我国发生了历史上两次著名的战役——官渡之战、赤壁之战。

官渡之战
- 历史背景：东汉末年，军阀割据混战，政局混乱，社会动荡，在河南一带，曹操的实力不断增强，在河北一带，袁绍的势力很大，双方剑拔弩张。
- 战争过程：
  - 时间：东汉末年
  - 交战双方：曹操军队和袁绍军队
  - 兵力：曹军两万人左右、袁军 10 万人
  - 结果：曹军打败袁军
- 战争影响：奠定了曹操统一北方的基础

赤壁之战
- 历史背景：官渡之战后，曹操基本统一了北方，在此背景下，他想进一步统一南北
- 战争过程：
  - 时间：公元 208 年
  - 交战双方：曹操军队和刘备、孙权联军
  - 兵力：曹操军队 20 多万人，刘备、孙权联军 5 万人
  - 结果：曹操军队战败，逃回北方
- 战争影响：形成三国鼎立的局面

整体认识：1. 两次战役都是以少胜多的战役，但曹操一胜一负的两种结局值得反思。2. 打仗的时候谋略很重要，两次战役中的战胜方都是很讲究谋略的。

---

① 王建亚：《"整体原理"与校长负责制》，《广州教育》1989 年第 2 期。
② 笔者在调研过程中发现的一位学生所做的笔记。

困惑之处：1. 曹操到底是一个什么样的人？对他的评价感觉很多、很乱。2. 三国鼎立在中国历史上有什么进步意义？

上述案例中，学生基于自己已有的知识和经验，对三国鼎立这段历史进行了整体感知和建构。学生首先阅读了课文，完成了对既定课程的初步感知和建构。通过整体感知，学生得出了两点整体认识，但同时也产生了困惑。此时，这名学生的生活经验与书本所呈现的经验产生了冲突，困惑也因此产生。这些困惑或问题会增强学生课堂参与的积极性，进一步激活其思维。这些对学生深度理解课文内容，提高听课效率和学习效果大有裨益。

此外，整体感知①在文学作品的解读活动中显得更为重要。学生在阅读文学作品时应着眼于全局，对作品进行宏观理解和整体领悟。如马致远的小令《天净沙·秋思》：

枯藤老树昏鸦，
小桥流水人家，
古道西风瘦马，
夕阳西下，断肠人在天涯。

赏析这首小令，一定要从整体上感知它的意境。作者用 28 个字描绘出萧瑟的秋日景象，传达出一位天涯游子哀愁、孤独与悲凉的心境，真不愧是"秋思之祖"。然而我们若孤立地去看其中的每个字或词，似乎十涩、毫无韵味且缺少内在的逻辑。但当我们将这些字词所勾勒的画面放在一起，整体感悟它们时，就会出现情景交融、心物合一的情境。此时，原本看似孤立、干涩的字词变得灵动，烘托出一位孤苦伶仃的游子在秋日里思念故乡、凄苦惆怅的意境，让人荡气回肠。因此，学生在理解课程文本时，首先不要局限于对单个字或词的理解，而是要从整体上去感知，这正如李泽厚所言："对某些书，便不必逐字逐句弄懂弄通，而是尽快抓住书里的主要东西，获得总体印象。"② 从整体上把握课程文本，能使学习者产生无限的想象，从而建构出新意来。

---

① 整体感知在阅读教学中又被称为整体关照，即对文本的解读要从文本的有机整体出发，把文本当作一个整体，形成对文本"外形"（文本的语言）与"内实"（文本的内容）的全面理解。

② 李泽厚：《杂著集》，北京，生活·读书·新知三联书店，2008，第 11 页。

2. 具体理解

具体理解是在整体感知课程文本的基础上，对文本做多层面、具体化的理性思考。此时，学生深入到课程文本的内部，对课程文本的深层意义进行建构。

学生面对的课程文本主要是教材和相关的一些辅导资料，这里主要阐述学生对教材的具体理解。教材在学习活动中常被定位为"对话者"，"根本原因就在于知识的学习乃是学习者以意义的生成为目的的理解性活动，必须在理解与精神性对话中方可完成"①。在意义建构视域中，学生理解和消化知识的过程，实际上就是学生基于自己已有的知识和经验，对课程文本或教材做出自己个性化的诠释，从而获得意义的过程。因此，学生在课堂中具体理解和建构课程，获得知识的过程，很大程度上是一种意义发现和意义赋予的过程，同时也是一种意义创造的过程。

（1）激活已有知识，实现自己与课程文本的有效连接

建构主义学习观认为，任何学习都要涉及学习者原有的认知结构，学习者总是以自身的经验来理解和建构新的知识。② 可见，学习者已有的知识和经验在意义建构中占有非常重要的地位，激活学习者已有的知识和经验是帮助其理解和建构课程的前提。学生要理解课程文本，实现对知识的自主建构，那么他的认知结构中原有的知识必须被激活，并与所要理解的对象——课程文本进行有效连接。在理解过程中，学生在把握文本中的信息的基础上，调动自己原来的知识与文本进行交流、对话，开展对课程（教材）知识的理解和建构活动。以下是一节数学课片段，我们可从中审视教师是如何激活学生已有的知识和经验的。

"随机事件与概率"教学片段③

师：同学们，今天我们学习第二十五章"概率初步"第一节"随机事件与概率"。生活中会发生很多事情。这些事情有的是偶然发生的，有的则是必然会发生的，还有的则不能确定它在某一刻会不会发生。你们能举出生活中的例子吗？

生1：太阳必然会东升西落。

---

① 郭晓明、蒋红斌：《论知识在教材中的存在方式》，《课程·教材·教法》2004年第4期。

② Wittrock, M. C., 1990："Generative Processes of Comprehension", *Educational Psychologist*, 4.

③ 笔者整理的课堂教学片段。

生 2：物体在重力的作用下必然会下落。

师：很好，其他同学呢？

生 3：在装有黑色的球的袋子中必然不会摸到白色的球。

生 4：某人发烧时的体温必然不会到 100℃。

师：上面几位同学所列举的例子很好，让我们一起归纳一下。在一定条件下，有些事件必然会发生，这样的事件被称为必然事件；在一定条件下，有些事件必然不会发生，这样的事件被称为不可能事件。必然事件和不可能事件统称为确定性事件。

（教师写下文字：必然事件、不可能事件、确定性事件）

师：生活中除了必然事件和不可能事件这类确定性事件外，还存在另一种什么事件？

生（齐声回答）：不确定性事件。

师：是的，同学们能说说生活中都有哪些不确定性事件吗？

生 5：明天将下大雨。

生 6：过十字路口时，遇到红灯。

生 7：买彩票中大奖。

（教师肯定了这三位学生的答案，与学生一起归纳了定义：在一定条件下，可能发生也可能不发生的事件称为不确定性事件，又称随机事件）

（教师写下文字：不确定事件、随机事件。之后教师出示事先准备好的问题，让学生快速回答）

通常加热到 100℃ 时，水沸腾。（必然事件）

掷一次骰子，向上的一面是 5 点。（随机事件）

投飞镖一次，命中 10 环。（随机事件）

地球自转。（必然事件）

张明在操场上 5 秒跑了 500 米。（不可能事件）

掷一次骰子，向上的点数不是奇数就是偶数。（必然事件）

打开电视机时，电视机正在播放足球比赛。（随机事件）

（教师从随机事件逐步导入主题"概率"）

《全日制义务教育数学课程标准（实验稿）》指出，数学教学"不仅要考虑数学自身的特点，更应遵循学生学习数学的心理规律，强调从学生已有的生活经验出发"，"数学教学活动必须建立在学生的认知发展水平和已有的知识经验基础之上"。《全日制义务教育数学课程标准（2011 版）》指出："教师教学应该以学生的认知发展水平和已有的经验为基础；在呈现作为知识与技能的数学结果的同时，重视学生已有的经验，使学生体验从实际背景中抽象出数学问题的过程。"在上述教学片段中，教师注重从学生已有的知识和经验出发，通过呈现具体直观、简单易懂的日常生活中的问题，将数学知识"概率"中的相关元素有机融进学生熟悉的生活情景中，激活学生在生活中积累的常识和经验，顺利促进学生原有知识与新知识的连接，让学生在解决问题的过程中丰富和拓展了自己的认知结构，实现了对课程文本的意义建构。

（2）研读课程文本，与课程文本展开深度对话

研读是学生具体理解课程文本的另一种重要的方式。研读即采用语义分析方法解读课程文本，吃透文本内容，达到"懂、透、化"的程度①；在读懂的基础上，领会文本内容更深层次的内涵，达到自己与文本作者跨越时空的心灵共鸣。曹明海认为，"深度的解读体验，不但是情感的宣泄，而且是灵魂的唤醒，是生命的超越。因为当读者在文本解读中体验到作家的生命意识和情感激流而心醉神迷之时，就会顿然形成一个生命进入另一个生命的主体情感传导活动，使文本成为一种活感性的创生和传达，造成解读主体的灵魂的内在震荡和剧烈的感情冲击，或给读者带来生命价值信念的苏醒，使震颤的心灵连带着整个生命获得更新和再生"②。以下是学生在教师的引导下解析《孔雀东南飞》这篇课文中的焦仲卿和刘兰芝这两个人物时的教学片段。

《孔雀东南飞》教学片段③

师：《孔雀东南飞》中的爱情悲剧给后人留下了深刻的印象。请同学们说说你对故事中焦仲卿和刘兰芝这两个人物的看法，并简要阐明理由。

（教师引导学生与文中人物展开深度对话，并评析人物，表达自己的心声）

生1：我对焦仲卿这个人物不满意，我觉得他太懦弱了，没有为捍卫自己的爱情而积极抗争，面对焦母让他休妻的无理要求，只是一味忍让，不作为。否则，故事的结局也不至于如此悲惨！

生2：文中焦仲卿这个人物是个复杂的矛盾体，他的软弱导致自己的妻子刘兰芝被休，最终刘兰芝被长兄逼着再嫁而投河自杀，焦仲卿的懦弱

---

① 杜志强：《领悟课程研究》，西南大学学位论文，2006，第43页。
② 曹明海：《当代文本解读观的变革》，《文学评论》2003年第6期。
③ 笔者整理的课堂教学片段。

可见一斑；焦仲卿顺从焦母的要求去休妻，说明他有孝顺的一面，但最后他自杀了，不能给母亲养老送终，这是他不孝的一面。

师：刚才两位同学都觉得焦仲卿懦弱，大家还有其他看法吗？

生3：老师，我不太同意赵某某（生1）的观点。从文中"堂上启阿母：'……女行无偏斜，何意致不厚？'""伏惟启阿母，今若遣此妇，终老不复取"等句子可见，焦仲卿当着母亲的面为自己妻子辩护，认为刘兰芝没有什么过错，事实上就是对母亲无端指责的反抗；并且焦仲卿还以终身不再娶来对抗焦母，这些在古代可是冒着不孝的罪名啊！怎么能说焦仲卿不作为，没有反抗精神呢?!

（部分学生点头，表示支持生3的观点）

生4：我能够理解焦仲卿在当时的社会背景下内心深处的矛盾、挣扎、无助和无奈。在那样一个社会里，晚辈对长辈是否言听计从是衡量其孝顺与否的重要标准，焦仲卿在无法摆脱封建礼教束缚的情况下，最后只能以死来抗争，凄美的爱情让人心痛！

生5：焦仲卿和刘兰芝都有点感情用事了，既然死的勇气都有，为什么不远走高飞，过上隐居生活呢？这样两人照样能长相厮守，过着幸福的生活，死得太不值了！

（还有其他同学发言，随后教师做了总结，并将话题转向刘兰芝）

师：同学们对刘兰芝这个人物形象有什么看法？

生6：大家对刘兰芝这个人物总体上持肯定态度，认为她在那样的一个封建社会里，做了她应该做的，值得钦佩！我们对她的遭遇深表同情。

《孔雀东南飞》是我国文学史上第一部长篇叙事诗，深刻揭露了封建礼教的罪恶，颂扬了男女主人公对爱情的忠贞以及对封建礼教的抗争精神。在上述教学片段中，诗中主人公焦仲卿和刘兰芝的爱情悲剧深深触动了学生的心灵，学生在深度研读课程文本的过程中，与主人公产生共鸣，走近了主人公的心灵世界。学生研读课程文本的过程，既是一个与课程文本深入对话的过程，也是一个与自己对话的过程。学生既要理解人物，又要从自己的角度做出判断和思考。通过与文本、教师与同学的深入对话，学生对文本和人物没有停留在单一化的解读上，而是丰富和拓展了对诗中人物形象的认识，从而进一步提升了自己理解和建构课程的水平。

（3）解析课程文本，挖掘课程文本的思想意蕴

学生在深度研读课程文本的基础上，可以深入挖掘课程文本的思想意蕴。有研究者指出，思想意蕴是融注于文章躯体内的精神，虽然其在文章

中没有直接显现在外，但它渗透在形象、情节里，渗透在结构、词语中。①课程文本往往反映着时代精神，并能在情感层面引发他人共鸣，学生必须通过深度分析课程文本，方能挖掘出课程文本的思想意蕴。对课程文本的深度分析是学习者通过超越课程文本表层的字词含义，转向课程文本的背后，整合与课程文本相关的各种信息，包括写作的年代、作者的生活境遇及其情感体验、文本的主题等，进行综合分析与研判而完成的。以下是一个班级的学生在教师的指导下对教材中《从百草园到三味书屋》一文的思想意蕴的解析。②

（全班学生被分为六个小组，教师提示学生可结合当时的时代背景及作者的生活状况等因素综合分析课文）

第一组学生中的代表：在这篇文章中，作者通过比较自己在百草园时自由快乐和富有情趣的儿童生活与自己在三味书屋时的枯燥乏味的生活，一方面表达自己对美好的童年生活的眷念，另一方面也揭露了封建社会腐朽的教育制度，批判脱离儿童生活实际的私塾教育对人的束缚和摧残。

师：这组同学从两种生活的对比中总结和提炼出文章两个方面的主题思想：追忆美好的童年生活和批判旧社会的教育制度。其他组还有哪些想法要补充的？或有哪些不同观点？

第二组学生中的代表：我们不太同意第一组同学的观点，文章的主题思想还不至于如此沉重吧！我们认为，作者在百草园时所过的和在三味书屋时所过的生活进行对比，意在阐明儿童的成长需要接受两段不同风格的教育。在百草园时的无忧无虑的、充满童趣的生活，象征着童年时期的自然教育；在三味书屋时的枯燥乏味的生活，象征着童年时期的规范化教育。儿童的成长必须经历从自然教育到规范化教育的过程，这两种教育共同呵护着儿童的成长。

师：完全不同的见解！第二组同学分析出作者对自己童年生活中的两个片段的描写分别代表了两种不同的教育，作者是在借对生活的描写阐述自己的教育观，有新意！还有哪组同学想发言？

第五组学生中的代表：前两组的观点都很好！我们组课前查阅了这篇文章发表的时代的背景资料及鲁迅当时的生活状况。资料上说，这篇文章写于 1926 年，当时鲁迅正处于人生的低谷，经历了生活的变数，心情苦

---

① 赵云：《语文生成性教学研究》，山东师范大学学位论文，2007，第 34 页。
② 笔者整理的课堂教学片段。

冈。作者对百草园的描写，实际上是在追忆自己美好的童年生活，抒发对故人、故土的眷念之情，同时也是在排解心中的孤独苦闷之感，获得心灵上的一点慰藉。我们认为这才是文章真正要表达的主题思想，作者在后面对三味书屋进行描写，是为了更好地突出前者。说实在的，我们在阅读这篇文章时很容易地联想到了自己的童年生活，真是令人神往啊！

师：概括一下，这组同学提炼出的文章的主题思想是：追忆美好童年，回到精神家园，让心灵得到慰藉！还有哪组同学补充吗？

（其他几个小组的学生摇头）

中学语文教材中所选取的鲁迅的作品，无论是小说还是杂文，其主题思想多是针砭时弊，揭露旧社会国民的弱点，批判旧的社会制度。再加上鲁迅先生在我国政治文化体系中的独特地位，这就很容易使学生产生思维定式，进而先入为主地理解鲁迅的作品。《从百草园到三味书屋》是鲁迅先生的名篇之一，该文的主题思想多被解读为批判和揭露传统教育制度对儿童的束缚和伤害。文中对两段时期两种截然不同的生活的描写，试图表达怎样的思想感情？对学习者而言，批判封建社会的教育制度的主题在教师的点拨下相对容易被挖掘出来，但如果不能基于文本又高于文本，充分联系作者生活的时代背景及其命运，综合考虑民族、文化等多种因素，就很难发掘出两段不同的教育生活、追忆童年、心灵获得慰藉等思想意蕴。

3. 延伸和拓展

从字面意思看，"延伸"是指学生从课程中走出去，"拓展"是指学生有更广的视角。延伸和拓展是基础教育课程改革大力倡导的教学理念，它提倡师生基于课程文本，但不局限于课程文本，用更广阔的视角对既定的课程文本进行有效的延展、批判或超越，从而让课程文本的内容和思想更为丰富。延伸和拓展体现在课堂教学中，通常包括把课外资源引入课堂和把课堂学习引向课外这两种方式，本研究重点关注后者。课堂教学中的延伸和拓展基于课程文本又高于课程文本，其有利于学生深入理解和感悟教材内容，同时也能起到拓展课程文本、升华主题的作用。但需要注意的是，延伸和拓展要遵循目标性、适度性、启发性和发展性原则，避免延伸和拓展活动缺乏目标、脱离课程文本、忽视学情等情况出现。[1] 以下是在"晏子使楚"教学片段中学生对课程文本的延伸和拓展。

---

① 相关分析参见：李志慧：《初中阅读教学拓展延伸的实践研究》，南京师范大学学位论文，2015，第10~12页。

"晏子使楚" 教学片段①

师：能言善辩的晏子出使楚国之所以能凯旋，除了他能言善辩外，更重要的原因是什么？

生1：晏子很爱国。

生2：晏子维护了齐国的尊严。

（教师表扬了这两位学生，并进行了总结：这个寓言故事集中表现了晏子能言善辩的才干，同时也表现了他爱国的可贵品质）

师：晏子曾说，"利于国者爱之，害于国者恶之"，这句话是什么意思呢？

生3：对国家有益的就喜爱它，对国家有害的就讨厌它。

师：晏子回国后，齐王想重赏他，并要封他为上相，赐予他珍贵的皮衣和土地等，但这些都被晏子回绝了。请大家想象一下，晏子在回绝这些重赏的时候会说些什么话呢？

生4：对不起，大王，这些东西我不能要，做对齐国有益的事情，维护齐国的尊严，这是每个齐国人的责任和义务，是应该的，不值得奖赏。

生5：大王，我不需要这些奖品。对齐国有益的我才喜欢，对齐国有害的我就讨厌。能为齐国效劳，不让别人欺负我们，这是我的荣幸，比什么奖品都重要。

（教师微笑肯定："同学们的境界真高啊！"）

生6：作为齐国的一名大臣，我有责任这样做。大王如此贵重的奖赏我实在承受不起，请收回，谢谢！

生7：大王如此厚爱，微臣实不敢当！微臣出使楚国并不是为了金钱和职位，做对齐国有益的事情是每一个齐国人都应该做的，不值得厚赏。如果看到齐国遭受侮辱而无动于衷，我等岂不是恶人一个！

（教师称赞该生说得好）

生8：大王的认可是对我最大的奖赏！大王的厚礼就不必了，心意我收下。

……

在上面这个案例中，教师结合《晏子使楚》这篇文章，创设了"晏子回绝齐王厚赏时会说些什么"的问题情境，学生根据课文所表达的主题思

---

① 笔者整理的课堂教学片段。

想，对课文做了延伸和拓展，给出了多样化的答案，其中不乏有创意的观点。学生的回答既源于课文又高于课文，既在意料之外又在情理之中。在这个案例中，学生基于课文，将自己代入其中（假如"我"是晏子），将历史人物的精神延伸到当代。教师和学生的延伸和拓展恰到好处地丰富了课程文本的意蕴，加深了学生对课程文本的理解，更加彰显了晏子热爱齐国、维护齐国尊严的宝贵品质。

4. 理性评判

评判即评价判断。在布卢姆（B. S. Bloom）的教育目标分类学中，认知领域的目标被细化为知识、理解、应用、分析、综合、评价等六个层次，其中评价是最后一个层次，也是认知领域的目标中最高的层次。同样道理，就学生理解和建构课程而言，理性评判也是学生理解过程中的高级阶段，是学生在深入理解课程文本内涵的基础上，综合运用各种知识，联系具体情境对课程文本做出评价和判断，如对课程文本的内容、观点、思想、人物形象、价值取向等做出个性化的评判。学生通过理性地评判课程文本，加深了对课程文本的理解，深化了对课程文本所蕴含的核心思想的领会，实现了对课程文本的深度建构。在以下教学片段中，学生理性评判了秦始皇的功与过。

"秦朝中央集权制度的形成"教学片段①

师：我们刚刚学习的这一课在这个单元起着承上启下的作用，占据重要地位。秦朝开创的专制主义中央集权制度是我国古代政治史的核心内容，为历代统治者继承和发展，对我国封建社会产生了重要影响。秦始皇是秦朝的开创者，试运用所学历史知识，评价秦始皇的功与过。

生1：在中国历史上，秦始皇是一位了不起的皇帝，具体可以从他所做的历史贡献中看出。第一，统一六国。秦始皇统一六国前，人民过着水深火热的生活，秦始皇统一六国顺应了历史潮流和人民意愿，使秦朝成为中国历史上第一个统一的、中央集权的封建国家，开了多民族统一的先河，意义重大。第二，建立中央集权制度，奠定了我国古代大一统王朝政权体制的基础。之后，中央集权制成为我国古代政治制度的核心，为以后历代所沿用，并不断得到完善与发展。第三，统一度量衡、货币和文字。秦始皇结束了战国以来度量衡不统一的局面；他统一了货币，这有利于商品交

①　笔者整理的课堂教学片段。

换；他统一了文字，这有助于文化交流。第四，开驿道、修灵渠。这些基础设施建设促进了农业的繁荣，进一步促进了社会发展。

生2：人非完人，孰能无过！秦始皇也是如此，其在施政方面的"罪过"可以归结为如下几点。第一，苛捐杂税重，民不聊生；徭役和兵役繁重，老百姓叫苦不迭；此外，各种严酷的刑律使秦朝后期人民生活在痛苦和灾难之中。第二，焚书坑儒的思想控制手段，禁锢了人们的思想，对文化的发展破坏性极大。

生3：在特定的历史背景中看，对秦始皇的功过进行比较，我认为他的功大于过。

历史课教学中，让学生了解和掌握历史知识是基础，但这不是最终目的。要超越应知应会层面，培养学生的历史思维和解决问题的能力，尤其要让他们能够对历史事件、历史人物和历史观点展开分析，进行理性的评判。聚焦上述教学片段，学生们有关秦始皇的评价褒贬不一，可见，对历史人物的评判是个难点，需要综合考量多方面因素。案例中的学生结合史实，将秦始皇放在秦朝发展的大背景和整个中国历史发展的长河中，运用历史唯物主义和辩证唯物主义的方法论对其加以客观分析和评判。学生的分析有理有据，基本做到了把历史人物放在特定的历史条件下辩证地进行分析和评论。通过理性评判，学生对秦始皇的功与过，对秦朝的历史有了更深层次的理解。

（三）课后理解——反思建构

学生课后理解和建构课程主要是通过反思、做作业、参加考试（可以把试卷视为作业的特殊形式）等活动展开，其中做作业是最为常见的形式。学生做作业的过程也是学生解决问题、反思性理解和建构课程的过程。学生以解决问题为基础，对课堂中学习过的课程（教材）内容及相关知识进行复习和提炼整合。其中，提炼整合这一过程主要包括三个环节："首先，学习者要明确问题解决中的推论、联想过程，包括对当前问题的条件和目标的确认、所联想起的相关知识经验以及在此基础上所进行的推理、假设和确证检验等。其次，学习者要从这一过程中提炼出其中所包含的新理解或新策略，在适当水平上概括出其一般意义。最后，学习者还要按照问题解决中的推论路线逻辑地将新理解与基本原理及相关知识联系起来，与事实资料联系起来，将新策略与问题特征联系起来，实现知识经验的整合。"① 学生通过解决作业中的问题，对相关课程知识进行反思和概括，从而进一步促进自身对课程的理解和建构。

三、教师在学生理解课程的过程中的作用

课程实施中意义建构的主体实际上有两类，即教师和学生，而教师建构课程的最终目的是帮助学生实现意义建构。因此，学生才是课程建构的真正主体，承担理解和建构课程的主要责任。但需要指出的是，强调学生的主体性并不意味着否定教师的指导作用，事实上，在学生对课程进行意义建构的过程中，教师发挥着极其重要的作用，如激活学生原有知识、提供"先行组织者"、创设问题情境等，启发和引导学生逐步深入理解课程，最终实现对课程的意义建构。因此，教师是学生进行意义建构的帮助者和组织者，对促成学生的意义建构发挥着指导作用。

（一）提供"先行组织者"，架设意义建构的桥梁

学生要深刻理解教材内容，若没有相应的认知结构，无论怎么用力思考都会无济于事。受生活阅历欠缺、知识和经验储备不足等因素的制约，学生的认知结构与课程文本之间往往存在一定的差距，给学习带来困难。因此，教师要设法提供"先行组织者"，通过拓展学生的知识与经验并激活其原有的知识和经验，在新旧知识之间架设沟通的桥梁，提供适当的连接点，从而促进学生更有效地学习并掌握新知识。"先行组织者"可以是问题的一个方面，也可以是总问题的子问题，还可以是一些暗示性的材料等。以下就是一个含有"先行组织者"的情境式教学案例。

（一位教师在介绍坐标这个概念时，为了突出说明点在平面中的位置，创设了发电影票的情境）

教师对学生说：如果文娱委员发电影票时，不小心打翻了墨汁瓶，将你电影票上的座位号"18 排 3 号"弄脏了，你能找到自己的座位吗？如果有"18 排 3 号"和"3 排 18 号"让你选，你选哪个座位号？这样，几乎所有的学生都较快地得出平面中某个点的坐标的两个特征：其须是一对实数；这一对实数必须有序。原本枯燥的坐标概念也因此变得生动、有趣，学生们在欢快的笑声中加深了对坐标的认识。

---

① 张建伟、孙燕青：《通过问题解决来建构知识——内在条件分析》，《教育理论与实践》2001 年第 11 期。

先行组织者是奥苏贝尔有意义学习理论中的一个重要概念，是先于学习任务的一种引导性材料，能为新旧知识提供连接点。在上述教学片段中，坐标这一新的概念对学生而言是陌生的，学生原有的知识储备中缺少相关连接点，学习因此很难真正发生。为突出点在平面中的位置，教师通过给学生提供"先行组织者"，调动了学生的生活经验和知识储备，拓展了学生的思维空间，提高了他们的理解能力，从而使他们具备了同化新知识的知识准备，理解和建构便得以顺利进行。在这个案例中，电影票上的座位号是学生新旧知识之间连接的"桥梁"，通过这座"桥梁"，学生与文本产生对话、交流，意义建构顺利实现。

（二）运用好"最近发展区"，引导学生理解和建构课程

由于课程知识的意义是学习者通过新旧知识和新旧经验间反复的、双向的相互作用建构而成的，所以，教学的重点应放在创设情境，促成学习者新旧知识、新旧经验之间的相互作用上。课堂中，教师通过创设问题情境，引导和启发学生理解和建构课程，而学生理解和建构课程的效果与教师所设计的问题有较大相关性，因此，教师所设计的问题的难易程度、启发性至关重要。一般而言，教师所设计的问题要让学生体验到"跳一跳才能摘到桃子"，过于简单或难度过大都不利于激发学生的思维，从而不利于学生对课程知识的意义建构。另外，问题要具有启发性，能让学生通过思考解决一个问题，触类旁通地解决其他相关问题，达到举一反三的效果。心理学家维果斯基的"最近发展区"理论对教师的问题设计颇具借鉴意义。他认为儿童有两种发展水平："第一种水平指儿童到今天为止已经达到的发展水平，即儿童在独立活动中所达到的解决问题的水平；第二种水平指现在仍处于形成状态的、刚刚在发展的过程，即儿童在有指导的情况下借助成人的帮助所达到的解决问题的水平。所谓'最近发展区'就是指两种水平之间的差异。"[①] 在课堂教学中，教师的任务就是要尽可能运用好"最近发展区"，促进学生的认知水平不断提高，立足"最近发展区"的问题设计对启发、引导学生理解和建构课程帮助最大。因此，教师在创设情境、设置问题时要做到：所提问题要恰当，要能引发学生的思考和讨论；问题的难度可酌情逐步提高，引导学生对问题的研讨和理解不断深入；鼓励学生主动连接新旧知识，启发引导他们发现规律，自己纠正错误的或片

① 邵瑞珍：《教育心理学》（修订本），上海，上海教育出版社，1997，第259页。

面的认识。以下是在"世界的气候"一课上，教师运用"最近发展区"，引导学生理解和建构课程的教学片段。

"世界的气候"教学片段①

（人民教育出版社出版的七年级《地理》上册第三章第四节的主题是世界的气候。在课堂上，教师讲解了不同地区的气候差异、世界气候类型的分布、影响气候的主要因素及人类活动与气候的关系等内容。为了加深学生对影响气候的主要因素的理解，教师在课堂上设计了一道问题）

师：此时此刻，处于北纬45°的哈尔滨市的最低温度是−30℃，人们走在松花江边上，一般要穿上很厚的衣服御寒。请问，此时此刻在北纬52°的伦敦的泰晤士河边，人们在户外需要穿什么衣服？

（学生们纷纷拿出地图册，边翻看地图册边交流）

生1：一定要穿更厚的衣服御寒，最好外面有一件冲锋衣。

生2：刚刚我们学习了影响气候的纬度因素，伦敦的泰晤士河的纬度比哈尔滨的松花江要高出7°，依据高纬高寒的常识，我也觉得应该穿更厚的衣服。

（教师肯定了生2的回答更周全，给出了具体的理由）

生3：我觉得没有那么夸张，可能稍微冷一点而已。

师：刚才几位同学基本都认为在伦敦的泰晤士河边应该穿上更厚的衣服，但事实上只需要穿一件羊毛衫就可以了。想一想，为什么？

（学生重新看课本，仔细阅读课本上的内容，在地图册上重新审视泰晤士河的地理位置，陷入沉思）

师：大家再结合课本讨论讨论。

生4：我们觉得这时候可能不能单纯地考虑纬度因素了，从地图上看，这两个地方的气候类型应该不一样，所以不能简单地比较纬度。

（教师微笑不语）

生5：英国地处大西洋边上，大洋中的洋流会影响气温，泰晤士河受暖流影响，所以它的温度才没有那么低。

师：同学们的分析是正确的，确实是两地不同的气候类型导致了两地气温差异较大：哈尔滨属于温带季风气候，伦敦属于温带海洋性气候。

在本案例中，造成两地气温存在明显差异的原因是两地气候类型不同。

---

① 笔者整理的课堂教学片段。

刚开始时，学生在头脑中再现了以往学过的影响气温的四个主要因素——纬度因素、海陆因素、地形因素、洋流因素等，认为最重要的因素是纬度因素。所以有的学生凭借在北半球纬度越高气温越低，得出伦敦的泰晤士河边的气温比哈尔滨的松花江边的气温低的结论。而当教师说出在伦敦泰晤士河边只需穿羊毛衫时，学生便产生了认知上的冲突。在教师的点拨下，学生在巩固已有知识的基础上找到新的知识生长点，并在小组合作中，得出纬度因素不是影响两地气温差异的主要因素，而是海陆因素、洋流因素。纵观整个教学场景，是问题始终在驱动着学生进行意义建构，且教师设计的问题恰恰处于学生的"最近发展区"，问题的解决使学生成功跨越了认知发展上的"临界点"，认知水平得到了提高。

（三）"悬置"已见，不做学生自主建构的"绊脚石"

悬置是现象学中的术语，它要求认识主体把各种主观成分和一切不是出自纯意识的知识全部放入括号内搁置起来，"存而不论"。在学生建构课程的过程中，教师不要先入为主地将自己的观点抛给学生，让学生在教师"限定的框架"中思考问题，而是要尽可能地"悬置"自己的观点，给学生自主建构的空间，只是在必要的时候加以引导、点拨。笔者就"当学生对教材（教学）内容的理解与文本的主旨或您的理解不一致时，您一般会怎么处理？"这一问题访谈了25名教师，其中16名教师表示"会尊重学生的理解"，7名教师表示"视情况而定"，只有2名教师表示"要以书本或教师讲解的内容为准"。从访谈结果看，大部分教师在认识上都能摆正自己的位置，但在教学实践中有时无意中成了学生自主建构的"绊脚石"。以下一节地理课（片段）就是鲜活的例证。

（笔者旁听了一节中学地理公开课。教师首先借助投影仪呈现了印度尼西亚爪哇岛上居民的房屋，用图片呈现当地的房屋的屋顶坡度）

师（让学生们仔细看图后提问）：为什么爪哇岛上的房屋都是这种形状？

生1：这应该是一种独特的建筑风格，反映当地人的审美标准，是一种文化吧！

生2：应该与爪哇岛的地理位置有关，但说不清具体原因。

生3：一个地方的建筑肯定与当地的气候有关，如我国东北地区的房屋相对来说要矮一点，这与东北寒冷的气候有关，房屋矮一些，就更保暖一些；南方温度高，所以房屋相对高一些，这样房屋中空气流动性好，凉快一些。

（教师回应道：是吗？南方和北方的房子高矮还有这么多讲究啊！我还没听过呢。学生陷入思考中）

（时间过去了 2 分钟，教师有些着急了，迫不及待地给出了"温馨提示"）

师：大家注意！这个地方的年降水量是 2000 毫米。

生 4（很快就做出回答）：爪哇岛地区的房屋的屋顶之所以是尖尖的，主要是因为那里降雨量大，屋顶陡便于快速排水，这样屋顶就不容易积水，可有效防止雨水渗漏问题。

自主学习是基础教育课程改革大力倡导的一种新的学习方式，旨在改变长期以来教师直接灌输知识，学生被动地接受知识的局面。上述案例中教师的"温馨提示"，不经意间扼杀了学生自主学习和建构课程的机会。事实上，教师可以让学生带着问题回到教材，在地图册上查看爪哇岛所处经度和纬度，综合分析温度、季风、降水等因素，最终得出当地屋顶坡度可能与降水有关的判断。这一过程看似绕了个圈，但恰恰能让学生基于已有的相关知识和经验，对教材知识进行自主建构。教师不能为了赶进度或为了保证课堂教学节奏的紧凑性（尤其是在公开课上，教师会更加关注课堂教学中师生互动的流畅性和紧凑性，不希望因为学生的"耽误"而导致自己在这一环节丢分），而随意剥夺学生探索、试误的权利。

此外，访谈中有部分教师反映，自己在日常教学中或多或少都存在先入为主地设定语境的现象。这限制了学生理解的丰富性，成为学生自主建构课程的"绊脚石"。类似这样的现象在现实的课堂教学中时有发生，我们真诚地希望教师能像访谈中所回答的那样，会尊重学生的理解，尽可能给学生留出自主建构的空间，教师只在必要时加以引导和点拨。

（四）精心设计情境，促进学生有效建构课程

预先设计和动态生成在课堂教学中既对立又统一，二者相辅相成，各有其重要意义。我们不能用非此即彼的眼光看待两者的关系，即不能因为强调动态生成就一味否定预先设计的作用，也不能为了凸显预先设计的意义而排斥动态生成的价值。事实上，课堂中学生对课程的有效建构从来都离不开教师必要的预先设计，优质高效的课堂教学一定是两者的统一。当然，这种预先设计一定要富有弹性，留出足够的空间供师生交流、创造，让课堂中蕴藏的资源可以发挥作用，让师生间的互动碰撞出智慧的火花。

以下是一节历史课，在这节课上，教师精心设计了情境，促进学生有效建构课程。

"英国君主立宪制的确立"教学片段①

英国是世界上第一个建立君主立宪制的国家，该制度对英国资产阶级民主制度的发展具有重要意义。为了让学生充分理解英国君主立宪制的特点，厘清女王、议长和首相的权力，教师在课前做了精心的设计：1. 组织课堂辩论。让学生预习课文并查阅相关资料，安排两组同学（每组3人），每组中各个成员分别代表女王、议长和首相做1分钟的陈述，阐述各自的权责，并进行3分钟的辩论。要求观点明确、论证有据、条理清晰、表达流畅。2. 让学生们编排情景短剧：女王的宫殿需要扩建，王宫总管（由教师扮演）写报告向女王申请修建资金，女王同意并吩咐首相办理此事，首相觉得此事应该由议会决定，议长为此召开了议员会议，专门研讨此项工作，最后由剧中的角色举手表决。

在课堂教学过程中，在教师的精心引领下，学生踊跃参与，站在各自所扮演的角色的立场慷慨陈词。尽管他们的发言中存在偏颇之词，甚至有夸大其词的成分，但他们的陈述还是不乏精彩之处。在辩论环节，理越辩越清晰。情景短剧形式新颖活泼，学生基于课程文本，同时又有自己的理解和建构，对维多利亚时代英国女王、议长和首相三者的权责进行了充分而深入的阐释。最后，经过剧中角色的举手表决，王宫扩建之事"泡汤"了。

在上述案例中，教师课前做了精心的设计，通过富有创意的课堂辩论及情景短剧等活动的设计，引导学生通过角色扮演，透彻理解维多利亚时代英国君主立宪制的运行机制，并从价值层面领会君主立宪制在英国资产阶级政治民主化道路上所具有的重大历史意义。学生对课程的建构源于课程文本但又超越课程文本，课堂充满了生成的元素，精彩纷呈。学生在教师的精心引导下完成了对课程文本的深度理解，实现了意义建构。可见，教师的精心设计是学生有效建构课程的重要条件，没有教师的精心设计就很难有课堂中精彩的生成。一句话，有效的生成根植于精心的预先设计。②

---

① 笔者根据课堂观察整理而成。

② 笔者曾与另一位研究者一起撰文阐释过预先设计与生成的关系，参见：吴玲、吴支奎：《有效生成根植于精心预设——新课程视阈下课堂教学改革的审思》，《课程·教材·教法》2007年第7期。

总之，在学生理解和建构课程时，教师要切实扮演好"帮助者"的角色，在高度重视学生已有知识和经验的基础上，精心做好预先设计，适时适度地为学生搭建"脚手架"、提供"先行组织者"、创设问题情境等，为学生实现意义建构保驾护航。

第二节　学生对课程的重构——在建构中转化

学生对课程的重构是指学生在理解课程的同时或在理解课程的基础上进行的活动，其对象主要是师构课程文本，同时也包括正式课程文本。学生通过对上述课程文本的重构，进一步推进课程知识转化。在课堂中，学生的学习过程表面上看起来是学生接受教师传授的知识的过程，但实际上并不是如此简单，即便是接受式学习也需要学生对知识进行再加工①。这个过程实际上就是一种转化和意义生成的过程。学生在已有知识经验的基础上，通过认同、采纳、理解和内化等方式，实现由正式课程文本、师构课程文本向体验课程文本的转化；学生将公共知识、教师知识、教学知识等转化为个体知识，进而完成对课程的重构，实现课程意义的生成。

一、学生重构课程的取向

学生重构课程的取向是指学生对课程重构过程的本质的不同认识以及支配这些认识的相应的价值观。在课程实施的取向方面，辛德等人将其归纳为忠实取向、相互适应取向和创生取向。② 本研究参考了此分析框架，考虑到忠实取向下学生对课程的重构成分较少，因此，我们舍弃了忠实取向，把学生重构课程的取向划分为相互适应重构取向和创生重构取向。

相互适应重构取向是建立在现代解释学基础之上的取向，持该取向的人认为，正式课程文本和师构课程文本不是绝对的"真理"，而是可以阐释的材料。学生持这种取向时，可以一方面立足文本，尊重文本的"原意"；另一方面又超越文本，根据自身的生活背景和对生活的理解，个性化、生活化地重构文本，而不局限于文本或教师提供的解释。在对文本个性化的重构中，学生与课程文本的编撰者以及教师之间相互适应，彼此接

---

① 学生要在自己原有知识和经验的基础上对教师所陈述的内容进行重新编码，从而建构起自己的知识。

② Snyder, J., Bolin, F., Zumwalt, K., 1992: "Curriculum Implementation", In Jakson, W. P. (ed.), "*Handbook of Research on Curriculum*", New York, Macmillan Publishing Company, 402~435.

纳，最终实现视域融合。这种重构取向是当前的主流取向。

创生重构取向是建立在建构主义基础上的取向，该取向秉持真正的课程是教师与学生联合创造的教育经验的理念，追求学习者基于自己已有的知识、经验对课程文本进行建构并生成意义；强调教材不是"圣经"和唯一的真理，其只不过是例子、材料，教师重构的知识也只是一种参考。因此，该取向认为学生可以基于特定的教学情境，超越正式课程文本和师构课程文本，对它们进行个性化的重构。这种取向之下的课程文本经过学生的重构，无论是内容还是意义都发生了某种程度的变化。

上述关于学生重构课程的取向只是理论上的划分，在实际的课程重构活动中，完全忠实的取向是不存在的，完全创生的取向也只是一种理想状态，最切合实际的是相互适应重构取向（下文所述学生重构课程的活动就是秉持的这种取向）。另外还需要说明的是，以上列举的学生重构课程的两种取向各有其存在的价值和适用的范围，要辩证地看待两者，不能简单地做好坏之分。

二、学生重构课程的过程

吴康宁教授曾从教育社会学的视角阐释过"课程授受"问题，他认为课程授受过程是"课程内容向'教师的实际传授内容'的转化过程以及已成为教师实际传授内容的那些课程内容向'学生的实际学习内容'的转化过程"①。借鉴吴康宁的观点，本研究所阐述的学生重构课程的过程指向后者，包括学生重构教材知识和教学知识（教师实际传授的那些课程内容），并完成向个体知识的转化，实现自身发展和课程意义的创生。在这个过程中，学生对课程的重构和其对课程的创生是融为一体的。

（一）对课程的质疑

"质疑是指个体在求知欲驱使下，带着问题意识看待事物，敢于独立思考、敢于批判、敢于挑战权威、敢于发表见解、敢于追求真理的一种思维习惯。"② 学生对既定课程的质疑是重构课程的一种方式。质疑不是无端地猜疑、简单地否定，而是有根据地怀疑，质疑是学生在思考、理解的基础上对现有意义的批判。本研究中的质疑是指学生基于自己的生活阅历和

---

① 吴康宁：《意义的生成与变型："课程授受"的社会学释义》，《教育发展研究》2001 年第 4 期。

② 袁维新：《学生质疑精神的缺失与重建——基于教材和教法的视角》，《中国教育学刊》2012 年第 10 期。

知识、经验，在解读课程文本的基础上对其中的观点、内容，以及教师教学内容进行质疑。"质疑意味着不轻信，不满足于已有结论，不相信唯一正确的解释，不盲从权威的仲裁，不屈从于将一种解释非法地晋升为唯一正确解释的企图。"①

现代社会信息丰富、价值多元，学生获得信息的渠道较多，这使得他们对教材知识和教师讲解的知识不再是盲目地接受。我们就"学习中，你对所学的教材知识有过质疑吗？"和"上课时，教师对教材内容的讲解你是不是都信服？"这两个问题对 56 名中小学生进行访谈，有 53% 的受访者对所学的教材知识进行过质疑（多数学生表示"有过质疑"），表示"说不清"的占 29%，表示"从不质疑"的只占约 18%。可见，随着学生自主建构意识的增强，质疑已成为学生学习课程的基本方式，也构成学生重构课程的常态。

1. 对课程内容真实性的质疑

传统的教材观认为，教材中的知识和观点是绝对的权威，学生只需要接受、记忆、掌握即可，而不能加以质疑。如此一来，教材对学生而言就是权威知识的载体，学生只是教材知识的被动接受者。但随着教材（课程）的隐喻由"蓝本"转向"文本"，以及学生获得知识的渠道日益多元化，中小学生的知识面愈加宽广，教材在中小学生心目中已不再是"圣经"。尤其在今天的课堂中，教师会鼓励学生基于自己的知识、经验对课程文本进行解读，此时学生的质疑精神逐步呈现出来，表现之一就是学生对一些课程内容的真实性的质疑。

一位教师在执教《赤壁之战》一文时，一名学生因为在课前阅读了《三国演义》中有关赤壁之战的完整故事情节，所以他在课堂上质疑课本中描写的诸葛亮在赤壁之战中借东南风的情节有可能是假的，继而在课堂

---

① 肖川：《教育的力量》，长沙，湖南教育出版社，2009，2 版，第 195 页。

中大胆地将问题抛给教师，引发了师生间精彩的对话。①

从不同的视角审视这个教学案例，有多种不同的解读和诠释。我们认为，在该案例中，这位学生由思考东南风与火攻的关系，联想到东南风到底是如何产生的，进而对课本中的故事是虚构的还是符合史实的这一问题产生疑问，富有质疑精神。

2. 对课程内容严谨性的质疑

严谨是保证中小学教材内容科学性的基本要求，教材编写者在编撰教材内容时首先就要保证其严谨性。此外，教材内容的选择与安排既要充分考虑知识的学科逻辑，又要充分考虑儿童的心理逻辑，注重从儿童的知识、经验和认知水平出发来选择和组织知识。但成人世界与儿童世界毕竟是两个不同的世界，成人与儿童之间在认知风格、话语系统、思维方式等方面存在诸多差异，有时成人认为"理所当然"或"无须赘言"的地方，恰恰是儿童感到疑惑之处。访谈中，一名学生讲述了他质疑课文内容的严谨性的一个例子②。这名学生在学习《乌鸦喝水》一文时，对课文内容提出了疑问，认为课文不够严谨。这名学生给出了自己的理由：

上课前，我特地做了一个实验。我拿了两个同样大小的罐头瓶，我往

---

① 在学习《赤壁之战》一文时，教师在让学生明白了实施火攻的几个步骤后，让学生结合课后的题目，找出描写东南风的句子，谈谈东南风和火攻的关系。学生很快找到文中有三处写到东南风，并且体会到风向对火攻的成败有着决定性的影响，因为曹军在长江北岸，而周瑜的军队驻扎在长江南岸。如果不是东南风，船就不能够借助风力驶向曹营，而火也不可能向曹军的营寨蔓延。

就在这时，一名学生突然发言："老师，我课外看了小说《三国演义》，赤壁之战发生在冬季，在冬季都是刮西北风的，而那天能够刮东南风，是因为诸葛亮帮周瑜借的。"教师急忙表扬这个学生："你真爱看课外书，了解得挺多，正好可以为大家学习这篇课文补充背景资料。"可这位学生接着又问："您认为诸葛亮借来东南风这个情节，是真的还是假的呢？"教师犹豫了一下说："有可能是假的，人怎么能向天随便借风呢？"这位学生又说："可课文前面的预习部分的提示说赤壁之战是我国历史上一个以少胜多的战争。这说明赤壁之战是一件真事，那诸葛亮借东南风一事也就是真的了。"

这名教师没想到这位学生会如此细心地去追根溯源，思量片刻后，教师说："赤壁之战确实是历史上的一个真实事件，但你所阅读的《三国演义》中的借风这一细节则可能是作者的艺术加工，其既可能是为了让故事更加吸引人，也可能是为了突出诸葛亮的神机妙算。至于当时为什么会刮东南风，是碰巧赶上风向变了，还是有其他原因，我们课外一起去查查有关的历史资料，好吗？"至此，那位学生才算得到了一个较为满意的答复，其他学生也对这个问题产生了继续查找资料、一探究竟的兴趣。这个案例的具体细节参见刘从华的《生成性语文课堂教学案例与分析》一文［见《教育科研论坛（教师版）》2005年第4期］。本书介绍此案例时，对个别表述进行了完善。

② 笔者根据访谈资料整理而成。

第一个瓶子里注入了薄薄的一层水，往第二个瓶子里注入了半瓶水。当我往第一个瓶子里放小石头时，水位根本没有升高，甚至看不见水了。问题就出在这里。课文中没有说明瓶子里有多少水，尽管课文中插图显示瓶中的水是过半的，但从严谨性的角度来说，课文中应该有明确的文字描述瓶子里的水量。如果课文中的瓶子里的水量像我做实验时的第一个瓶子里的水量一样，那么乌鸦再聪明也喝不到水的。

《基础教育课程改革纲要（试行）》提出："教师在教学过程中应⋯⋯引导学生质疑、调查、探究，在实践中学习，促进学生在教师指导下主动地、富有个性地学习。"上述案例中的学生带着疑惑并采用实验的方法主动进行富有个性的学习，证明教材中一些内容存在瑕疵，进而批判性地理解了课程。教材没有对瓶中的水量做描述性规定，原因可能有两个方面：一方面是教材中有配图，无须再对水量做文字说明（尤其是对以形象思维为主的小学生来说）；另一方面是教材编撰者的疏忽。不管是何种原因，笔者都十分敬佩案例中这名学生大胆质疑的精神，这其实是另一种意义上的理解和建构。

3. 对教师教学内容的质疑

教学内容包括教材和教学参考资料提供的知识以及教师重构后的课程知识，为区别于前面所说的"课程内容"（教材知识和教学参考资料提供的知识），这里的教学内容更多地指向教师重构后的课程知识，在课堂情境中其就相当于占德莱德所说的"运作课程"。教师和学生之间存在诸多差异，这导致他们对同一课程内容的理解难免会出现分歧。学生的批判精神不仅体现在他们对既定教材知识进行质疑，也体现在他们对课堂中教师讲解的内容抱有看法。受访学生对"上课时，教师对教材的讲解你是不是都同意？"这个问题的回答有："教师也不是圣人，他们的理解有时也会出错""我有时不太同意教师的观点""不管是教师还是学生，只要说得有道理都可以接受。"

一位教师在执教《春天》一课时，上课前从自家院子里折了几根开满桃花的枝条。在课堂上，这位教师向同学们挥动枝条，问道："桃树为什么开花了？"

（鲜艳的桃花一下子吸引了学生们的注意力，大家争先恐后地发言）
生1：桃树之前"冬眠"了，春雷惊醒了它，它一觉醒来后就开花了。

生2：春天来了，草坪上小朋友追逐、嬉戏的欢快氛围感染了桃树，它也想和小朋友们一起玩，于是就开花了。

生3：桃树想把自己打扮得漂漂亮亮的，就开花了，好多蜜蜂还围着桃花跳舞呢！

……

这位教师有点不满意，说：因为春天来了，天气暖和了，所以桃树开花了。

这时，下面几位学生小声嘀咕起来，其中一位学生举起手并说：老师，我们觉得前面几个同学的说法都很有道理啊！

这位学生的话猛然提醒了这位教师，他似乎幡然醒悟，使劲地点了点头，抿了抿嘴，说道：大家的回答都非常棒！你们的可爱、阳光和笑脸感动得桃树都开花啦！来，每人奖励一朵小桃花！教室里一下子热闹起来，教师也会心地笑了。①

课堂中的教学知识是由教师加工后的知识，其必然带有教师的主观烙印，反映了教师的价值观，所以其不是真理，不是唯一的答案。应该承认，案例中学生的回答是富有想象力和充满诗意的，这些丰富多彩的答案是学生基于各自知识和经验的一种意义建构。语文教师的"标准"答案只是众多答案中的一个答案，未必是唯一"真理"，学生的回答同样有合理性，因此，学生对教师的答案提出质疑是有道理的。

（二）对课程的再加工

学生重构课程必然要以一定的文本载体或活动形式表现出来。一般而言，学生加工课程（即重构）时使用的文本形式主要是笔记和作业；活动形式则主要是课堂活动，包括研讨、探究等。

1. 记笔记

学生在课堂上记笔记的过程实质上就是学生利用笔记的功能对正式课程和师构课程进行重构的过程。学生在记笔记的过程中使用着重号、箭头等个性化的符号对课程文本进行标记（如采用波浪线标记重点内容），在此基础上通过做批注、写提纲和注释、提出质疑等形式重构课程知识，完成对课程内容的重新梳理和建构。

在随堂听课的过程中，我观察了一名学生的笔记，他将商鞅变法这部

---

① 笔者根据课堂观察整理而成。

分内容归纳如下①。

确立封建制度，为秦国统一全国奠定基础：

①承认土地私有和自由买卖→建立封建土地所有制

②奖励耕战 $\begin{cases} 奖励生产→发展经济→富国 \\ 奖励军功→增强军队战斗力→强兵 \end{cases}$

确立封建制度，为秦国统一六国奠定基础

③建立县制：由国君派官吏治理→加强中央集权

笔者在课间询问了这位学生，大致了解了他的记笔记过程。他从经济、军事和制度几个方面来厘清商鞅变法的基本内容，然后根据教材内容再对商鞅所采取的措施进行细化，梳理出知识要点，紧接着分析这些措施的作用。

案例中这位同学的笔记是其基于自己的理解对课文内容的重新梳理和加工。这是一种典型的文本再构，即重新组合和建构教材原来的内容。学生在记笔记的过程中对商鞅变法这部分的历史知识进行了加工——梳理、归纳出关键知识点，从而勾勒出商鞅变法的历史线索，搭建提纲挈领式的课程内容框架，同时学生也完成了对个体认知结构的调整，实现了对课程文本的重构。

《陋室铭》是人民教育出版社出版的七年级下册《语文》教材中的一篇课文，笔者拍摄了一名学生的课堂笔记，整理如下。

1. 在作者看来，"陋室"真的简陋吗？从哪些方面看得出来？

陋室不陋 $\begin{cases} 景（景色之雅）——环境优美 \\ 人（交往之雅）——交往高雅 \\ 事（情趣之雅）——情趣高雅 \end{cases}$

2. 文中哪句话统领全文？

斯是陋室，惟吾德馨。

3. 本文表达了作者什么样的思想感情？

本文表达了作者安贫乐道的情趣、高洁的情操。

4. 本文最主要的写作手法是什么？

托物言志。

---

① 笔者摘录的一名学生的笔记。

5. 作者说在陋室既可以调素琴，阅金经，又说在那里无丝竹之乱耳，无案牍之劳形，这两句是否矛盾？为什么？

不矛盾。前者指弹奏不加装饰的琴和阅读佛经，后者说没有嘈杂的音乐打扰，没有公务缠身，这些都体现了陋室的主人生活情趣高雅。

6. "山不在高，有仙则名。水不在深，有龙则灵"的修辞手法及作用是什么？

修辞手法：比喻、类比。作用：用有仙之山和有龙之水与陋室类比，表明陋室也具有"名"与"灵"的性质。

这位学生在课堂笔记中记录了《陋室铭》这篇课文中几个核心问题，学生所记内容皆是师生在课堂中共同研讨的结果，学生在教师的引导和点拨下完整地记录下了问题的答案。这一过程从形式上看是学生通过记笔记的方式记录教师讲授的内容，但实质上是学生重构教材知识和教学知识的过程，尤其是针对"在作者看来，'陋室'真的简陋吗？从哪些方面看得出来？""作者说在陋室既可以调素琴，阅金经，又说在那里无丝竹之乱耳，无案牍之劳形，这两句是否矛盾？为什么？"这两个问题，师生总结提炼出陋室不陋的原因在于景色之雅、交往之雅、情趣之雅。它是师生基于文本又高于文本的深度重构的结果：理解作者前后貌似矛盾之说，体会到陋室主人生活情趣之高雅。对学生而言，记笔记不仅仅是记下教师所授课文的主要内容，发挥笔记的外部储藏功能，更是学生在教师的引导下，由浅入深地感知课文到深度建构课文的过程，发挥了笔记的编码功能和生成功能，进而完成了对既定课程的重构。

2. 研讨探究

通常而言，研讨是师生之间、生生之间围绕特定的问题开展的研究、交流和讨论活动；探究则有"探索研究""探寻追究"① 等含义。本研究认为，研讨探究是研讨和探究的合体，二者时常交织在一起，呈现出研讨中有探究的元素、探究中有研讨的成分的现象。研讨探究是学生的学习方式之一，其实质是学生基于各自的知识和经验，共同对问题进行研讨式探究和探究式研讨，在此过程中完成对既定课程内容的重构。以下是一节化学课教学片段。

① 中国社会科学院语言研究所词典编辑室：《现代汉语词典》，北京，商务印书馆，2016，7 版，第 1271 页。

"风为什么能灭火？它是怎样灭火的？"教学片段①

（在教成"燃烧和缓慢氧化"一节后，教师让学生们进行了消防调查，第二天上课时师生展开了研讨）

师：同学们，今天我们来做一次探究。大家知道，风能助燃。在"火烧赤壁"等惊心动魄的事件中，风对火势的发展发挥了重要作用。但人们能轻易地吹灭燃烧的蜡烛，说明风能灭火也是不争的事实。风为什么能灭火？它是怎样灭火的？这是第三组同学在进行消防调查后提出的问题。我认为第三组的问题提得好，就把它们作为今天我们探究的课题。

（学生们开始思考、交流）

师：下面请第三组的同学说说他们的猜想，然后大家补充。

第三组组长：我们猜想风能灭火的原因有两点：第一，风中含有较多的水汽和阻燃物质；第二，风带走了大量的热，使燃烧物的温度降到了着火点以下。

第三组组长发言一结束，学生们就议论开了。有说对的，有说不可能的。学生们相互讨论后由学生代表发言。

生1：我们认为第一个原因可以排除，因为风是流动的空气，成分稳定。如果第一个猜想成立，那么干燥的自然风就不可能吹灭蜡烛了。事实是干燥的自然风也能吹灭蜡烛，由此可见，第一个猜想不能成立。

生2：风降温是通过带来冷空气和加快空气对流实现的。风向燃烧物吹去，带走的是灼热的空气，补充的是温度较低的空气，有降温作用。但是，一般燃烧物的温度少说也有数百摄氏度，风能否将其温度降到着火点以下呢？不一定。所以，我们认为第二个猜想不一定成立。

生3：我赞成前两位同学的意见。我们认为火是被风扑灭的，但原理说不上来。

……

师：刚才大家进行了认真的分析、推敲，多数同学都认为火是被风扑灭的，但灭火的原理说不上来。我们是否可以从什么样（冷、暖、微、强）的风能灭火、风能灭什么样（明、暗、大、小）的火、风是怎样形成的，以及风力是怎样产生的等方面去思考，然后说清楚风灭火的原理呢？

（学生再次自由交流、讨论，数分钟后大家提出以下猜想）

a. 弱风助燃，强风灭火；风力越大，越易灭火。风能否灭火，与风的

---

① 案例来源：《人民教育》编辑部：《新课程优秀教学设计与案例（初中科学卷）》，海口，海南出版社，2003，第206~208页。本书收录此案例时对一些表述进行了完善。——编者注

冷暖似乎关系不大。

　　b. 风只能灭明火，不能灭暗火；可以灭零星小火，无法灭大火。

　　c. 风是由于气压差异、空气对流形成的。风力是流动的空气对物体的作用力，是由气压差引起的。

　　师：很好！那么前两种猜想对不对呢？可以让事实来说话。我们能否用实验来证明猜想，并进行理论解释呢？

　　（接下来师生通过实验，最终证明前两种猜想是正确的）

　　本案例中"风为什么能灭火？""它是怎样灭火的？"是学生提出的问题，教师将其放到课堂中加以研讨探究，学生根据学习过的知识尝试解释这一现象。这一过程事实上是学生围绕特定问题、文本或材料，在教师的帮助和支持下，自主寻求答案或自主建构意义的过程①。教师在组织学生研讨探究的整个过程中，自始至终没有忽视学生思考和探究的能力，适时帮助学生梳理探究问题的思路，使学生对问题的思考不断深入。在教师的点拨下，学生初步达成了共识，并通过实验验证了猜想，完成了对课程知识的重构。

（三）做作业

　　作业是学生重构课程文本时采用的另一种重要的文本形式。传统作业观暗含工具理性，作业通常被视为课堂教学的附属品，目的在于巩固和强化课堂教学效果，是一种工具性存在。在当今建构主义学习观和诠释学角度下，作业不再是作为课堂教学的附属品存在，作业是课堂教学的延伸，做作业是学生对课程的再加工和深化的过程。学生通过解决作业中的问题，能进一步加深对课程文本的理解，重构课程文本。以下是几位小学生续写的《皇帝的新装》的结尾。

学生续写的《皇帝的新装》的结尾②

　　（一位教师在讲解完《皇帝的新装》这篇课文后，给学生布置了一份拓展性作业，让学生展开想象，大胆地为课文设计一个合理的结尾。第二天，学生交上来的作业可谓丰富多彩，有的精彩极了）

　　生1：皇帝听到那个小男孩的喊声，心里非常愤怒，等游行一结束，

---

　　① 任长松：《探究式学习——学生知识的自主建构》，北京，教育科学出版社，2005，第29页。

　　② 笔者摘录的几位学生的家庭作业。

皇帝叫大臣去把那个多嘴的小男孩杀掉了，以警示后人。

生2：皇帝回宫后，满脑子都回荡着那个小男孩的声音，越发感到羞耻难当。他心想："俗话说'童言无忌'，那个小男孩一定是说了真话。而我的那些臣子们为了讨好我、巴结我，睁着眼睛说瞎话，害得我光着腚在街上丢人现眼。"经过这件事情后，皇帝大彻大悟，从此改过自新。

生3：皇帝光着屁股洋洋得意地走在街上，满城的老百姓感到震惊，他们认为这样的昏君早晚会祸国殃民，不如另立一个皇帝。就在那年的某一天，全城百姓揭竿而起冲进皇宫，把那个昏庸的皇帝赶下了台。

生4：皇帝后来还出访了邻国。碍于情面，邻国的皇帝和大臣们不好意思直接说他是光着腚的，还满口夸奖他的衣服是多么漂亮、华丽，皇帝听后高兴极了。从此以后，皇帝在邻国就有了个外号——"裸体皇"。

……

在上述案例中，教师设计的作业可谓十分精巧。教师通过创设情境，引导学生将所学习的内容与自己的生活世界关联起来，学生基于生活与课本，同时又高于生活与课本，进行了精彩且富有创意的续写。进言之，学生结合课文，充分发挥自己的想象力，设计了许多精彩的"结尾"。这既在情理之中，又出乎意料。事实上，学生续写故事的过程就是对既定课程文本进行再次建构的过程。

在上面的论述中，我们对学生对正式课程的理解、学生对正式课程和师构课程的重构等两个层面进行了阐释。但是，在实际的课堂教学过程中，学生对正式课程和师构课程的理解与重构在时空上往往是交织在一起的，很难把它们区分开来。因此，在实践中要具体情况具体分析。

第三节　学生对课程的体验——在转化中提升

前文已述，学生与课程有着天然的联系，其是影响和制约课程发展的一个重要因素，课程发展中不能缺少学生的参与；另外，学生参与课程意味着学生作为课程主体对课程进行意义建构。课堂中学生通过对课程的理解和建构，完成从学科教材知识、教师教学知识到学生个体知识的转换，促进了课程知识对自己的意义关照。

一、人与知识的关系：由认识关系转向意义关系

但凡谈论课程，就必然涉及知识，课程与知识向来是交织在一起的。长期以来，受认识论的制约，课程知识通常被视为供学生认识、掌握的对象，学生也仅仅是认识者，其基本任务就是认识一系列预设的课程知识①。现代知识多被描述为客观的、普遍的和价值中立的，人们对现代知识性质的过分强调衍生出现代性知识信仰，这进一步强化了学生与知识间的认识关系。认识关系取向的课程知识观将人隔离于知识之外。人与知识的关系，除了人对知识的认识和占有之外，再无其他。如此一来，知识就沦为他物，知识的文化意蕴荡然无存。

认为人与知识间是认识关系的观点直到 20 世纪西方非理性主义思潮兴起才开始式微。进入 20 世纪，哲学的一个基本走向，就是迈向意义的世界②。再加上后现代知识观的影响，课程知识的客观性、普遍性和价值中立性受到批判，知识的主观性、境遇性和文化性受到强调与推崇，知识不再被视作纯客观的、价值中立的，而是被视作人的生命活动的产物，具有属人性。一些研究者提出："教育内容，从表面看来似乎不具有生命的形态，但它本质上依然是生命精神能量的产物。教育内容不仅是人类生命的精神能量的外化与各种形式的对象化存在，而且是人类生命的精神能量高质量与高度凝聚的产物。"③"迈向意义世界"的哲学观促使课程知识观也发生了重要的转向，即从过去关注人与知识间的认识关系转向关注人与知识间的意义关系。具言之，转向后的课程知识观超越了对知识的一般认知价值和发展价值的关注，更加关注人与知识相遇时其对知识的理解、建构与体验，力求实现知识对人的意义关照。

不同于认识关系取向的知识观，意义关系取向的知识观是一种生存论层面的知识观，倡导知识对人的意义关照。生存论以人的意义生存为理论旨趣。生存论知识观不是就知识本身思考知识问题，而是立足知识与人之间的关系，思考教育应如何面对知识，以促成人的幸福。④ 在生存论层面的知识观的语境中，理解、体验知识是达成知识对人的意义关照，实现人

---

① 吴支奎：《论课程与学生幸福——基于知识意义的视角》，《教育评论》2009 年第 5 期。

② 俞吾金：《迈向意义的世界——本世纪西方哲学发展的一个基本倾向》，《天津社会科学》1992 年第 2 期。

③ 叶澜、郑金洲、卜玉华：《教育理论与学校实践》，北京，高等教育出版社，2000，第 138 页。

④ 吴支奎：《论课程与学生幸福——基于知识意义的视角》，《教育评论》2009 年第 5 期。

之意义存在的重要路径。在学校情境中，一方面，若要实现课程启发和引导学生生活的目标，就必须调动学生参与课程的积极性，通过使学生创造性地与课程进行对话，理解、建构课程，拓展、更新自己的知识和经验，在视域融合中完成学生与课程知识的意义连接。另一方面，要创设课堂教学情境，让学生带着既有的知识、经验进入课程，主动体验课程。学生通过体验课程完成对课程的意义建构，并将课程转化为自己生存和发展的精神食粮，从而实现课程对自己精神生命的关怀。

二、学生体验课程：实现知识对人的意义关照①

（一）体验：彰显课程意义的重要路径

人具有双重生命，即自然生命和精神生命。相对于动物而言，精神生命是人之为人的根本，因为人需要追求有意义的精神生活，诚如海德格尔所说，"意义是此在的一种生存论性质，而不是一种什么属性"②。赫舍尔（A. J. Heschel）也说："人甚至在尚未认识到意义之前就同意义有牵连。他可能创造意义，也可能破坏意义；但他不能脱离意义而生存。"③ 前文已述，课程对人的精神生活和意义世界具有滋养、护持之功效，但课程的这些功效必须被学生体验到，真正进入学生的精神世界（体验根植于人的精神世界），即课程对人的意义关照必须经由个体的体验和感悟。在此之前，课程的价值和意义都只是一种可能性存在。杜威曾直言不讳地指出："无论所学到的东西对那些发现它并在他们的经验中起作用的人来说是如何真实，但是对学生来说，没有东西使它成为知识。除非这种材料在个人自己的生活中产生了效果，合则这种材料就像关于火星或某　奇异的国家的事情一样。"④

体验是一种能生发出与主体独特的"自我"相关的领悟或意义的情感反应。也就是说，体验是一种伴有情感反应的意义生成活动。⑤"课程是学生在教育情境中不断生成的活生生的体验，是学生的不断创造、释义，在

---

① 前文已述，课程知识与学生之间的意义关系包括两个层面，即心理意义层面和精神意义层面，这里所说的"意义关系"侧重于精神意义层面。

② 〔德〕马丁·海德格尔：《存在与时间》（修订译本），陈嘉映、王庆节译，北京，生活·读书·新知三联书店，2006，3版，第177页。

③ 〔美〕A. J. 赫舍尔：《人是谁》，隗仁莲译，贵阳，贵州人民出版社，1994，第47页。

④ 〔美〕约翰·杜威：《民主主义与教育》，王承绪译，北京，人民教育出版社，2001，2版，第361页。

⑤ 陈佑清：《体验及其生成》，《教育研究与实验》2002年第2期。

这种创造与释义的过程中，内容不断异变，意义不断生成，个性不断发展。"① 体验式课程是一种个性化课程，参与性、亲身性和卷入性是体验式课程的主要特征。学生将已有的知识、经验和情感投射到课程中，体悟知识的生命意义和价值，继而实现知识对人的意义关照。

我曾撰文探讨过课堂中学生如何体验课程，重构课程知识的意义，达成知识对人的意义关照。我认为重建课程意义的路径有三条：第一，理解课程，在视域融合中完成自身与知识的意义连接。第二，体验课程，品悟知识对自身精神生命的意义关怀。第三，建构课程，在由知识到意义的转换中实现知识意义的生发。② 有研究者从生命的角度阐释了体验学习的实施策略：组织活动，直接体验；创设相似情境，在模拟活动中体验；分享交流，丰富体验；引导拓展，深化感悟，升华体验。③ 有研究者认为促进学生体验的教学过程应包括创设情景、自主体验、相互交流和迁移反馈四个阶段。④ 还有研究者指出，增强学生体验的教学策略有：创设教学情境，模拟真实体验；让学生通过动手操作体验发现的乐趣；关注学生真实的生活，提炼成长体验。⑤ 整合上述研究成果，本研究将课堂中学生体验课程，实现课程对学生意义关照的方式归结为三种：情境体验、探究体验、交流体验。

（二）体验课程：实现课程对人的意义关照

1. 情境体验

课堂教学是一种具有情境性的教育活动，教学情境是课堂教学的重要元素。教学情境是由教师预先创设的教学环境或氛围，学生处于特定的教学情境中时能更好地体验和感悟隐藏于课程文本深处的意义。创设情境就是营造能让学生更好地理解和建构课程的氛围。教师所创设的情境既可以是充满感情的体验情境，也可以是展现问题的体验情境，还是可以是强调直观感受的体验情境，等等。在课堂教学过程中，教师围绕教材内容，创

---

① 石鸥、侯静敏：《在过程中体验——从新课程改革关注情感体验价值谈起》，《课程·教材·教法》2002 年第 8 期。

② 吴支奎：《知识观转型视野下课程知识意义的重建》，《湖南师范大学教育科学学报》，2008 年第 4 期。

③ 相关分析参见：张瑜：《体验学习：关注学生生命在场的学习方式》，扬州大学学位论文，2011，第 71~81 页。

④ 周红杰：《论促进学生体验的教学》，《内蒙古师范大学学报（教育科学版）》2006 年第 6 期。

⑤ 相关分析参见：易丽：《教学中的体验对学生生命成长的意义》，华东师范大学学位论文，2006，第 52~76 页。

设一定的情境，激发学生的生命体验是实现课程对人的意义关照的重要路径。基于生命情感的体验是指学生在理解的基础上，对文本（通常为课文）中优美的形象、深刻的意蕴、丰富的情感等进行体悟。这就要求学习者发挥想象力，与文本作者产生共鸣；投入个人情感，把自身的人格气质、生命体验渗入文本之中，对文本所述内容产生感情。如此一来，学习者的各种特殊的心理活动、独特的情感、不同寻常的感受都将在课程文本上打上个体鲜明的个性烙印。以下是一节语文课教学片段，真实呈现了学生基于生命情感体验课程文本的情景。

《麻雀》的教学片段①

（一名教师在教授《麻雀》一文的过程中，讲到老麻雀为救自己的孩子，顽强地与猎狗做斗争，最终逼退猎狗时，要求学生根据文中的描写感悟当时的情境，并发表自己的看法）

师：你是怎样看待弱小的老麻雀逼退强大的猎狗这件事的？

生1：老麻雀所表现出来的强大力量是猎狗始料不及的，它让猎狗感到害怕，所以猎狗退缩了。

生2：猎狗被老麻雀那种舍身救子的精神感动了，所以猎狗放弃了对小麻雀的伤害。

生3：猎狗代表的是一种邪恶的力量，而老麻雀代表的是一种正义的力量。这是正义战胜邪恶的结果。

生4：我认为这跟作者富有同情心有很大的关系。因为"我"急忙将猎狗唤回，所以才避免了悲剧的发生。如果"我"让猎狗继续冲上去，不仅是小麻雀，就连老麻雀都无法躲过这一劫。

师：同学们，你们的见解的确很有创意，有些甚至超出了老师的阅读体验，老师真为你们感到高兴。

面对同样的文学作品，不同的读者可能会有不同的感受，因此语文教学特别需要注意尊重学生独特的情感体验和独创性的理解，而尊重学生的目的在于成全生命。用心灵去感召心灵、用人性去呼唤人性、用生命去呵护生命，无疑是最富有生命意义的教学。本案例中，学生已不仅仅是就事论事，局限于动物之间的较量，而是关注到生命与生命之间的对话。其中

---

① 案例来源：刘从华：《生成性语文课堂教学案例与分析》，《教育科研论坛（教师版）》2005年第4期。本书收录此案例时对一些表述进行了完善。——编者注

生2与生4的解读更具人文情怀，体现了对生命个体的关怀与怜悯。而这种人文情怀恰恰是在教学中曾经失落过，后来人们又重新追求的最宝贵的东西之一。

2. 探究体验

探究体验是课堂中学生体验课程的另一种重要的方式。探究式学习是当下基础教育阶段课程改革倡导的一种新的学习方式，是对传统的接受式学习的批判性超越。探究体验是探究与体验的整合，强调意义建构过程中学生以探索、追问的方式去体验课程文本，也即在课堂教学过程中，学生在教师的引导下，结合已有的知识、经验，对课程文本进行探究体验，进而深化对课程文本的理解。以下呈现的是学生探究体验课程文本的教学片段。

《自然之道》教学片段①

师：面对突如其来的危险，"我们"和向导做出了不同的反应："我们"心急如焚，向导却像个没事人似的，一点也不惊慌。请认真读课文，探究体验一下为什么双方会出现截然不同的反应。

（教师不断点拨学生，提出问题，引导学生阅读文章中的关键句子等，体悟"我们"和向导的反应）

师：课文中的若无其事是什么意思？

生1：若无其事的意思就是什么事也没有发生（漏了"若"的意思）。

师：那"若"是什么意思呢？"若无其事"的意思是？

生1："若"是好像的意思。"若无其事"的意思是"好像什么事也没有"。

师：对了，这就比较准确了。再读读"向导却若无其事地答道：'叨就叨去吧，自然之道，就是这样的'"这句话，想一想向导为什么这么说？

（学生读这个句子）

生2：因为向导知道鸟吃幼龟是自然界的规律，他不想破坏自然之道。

生3：向导是个生物学家，他知道生态平衡的道理。鸟吃龟是实现鸟和龟这两个物种间生态平衡的重要方法（用"途径"更恰当），这是自然之道。

---

① 笔者整理的课堂教学片段。

师：是啊，鸟吃幼龟，这是自然规律。因为向导心里有数，所以他若无其事。

……

师：刚才同学们体会了"探"字的妙处，一个"探"字道出了幼龟会保护自己，多么神奇！可是"我"和伙伴们不明就里，还责怪埋怨向导。迫于无奈，向导施救，却事与愿违。请同学们默读，看看到底发生了什么。

（学生默读课文5—8自然段，想象着幼龟们争先恐后爬向大海的壮观景象，体会幼龟们被鸟吃掉的场面）

师：幼龟奔向大海的美好愿望，就因为"我们"的帮助而落空了。大家有什么想说的吗？

生4："我们"刚才做了那么蠢的事，很愧疚，很后悔。

生5："我们"要尊重自然规律，不能凭一腔热血蛮干，到头来好心办坏事！

生6：早知道结果是这样，当初听向导的话就好了！"我们"对幼龟的了解太少了！

师：大家都明白问题出在什么地方了。自然界有其规律，这就是自然之道！我们应该遵循规律，了解自然，尊重自然，这也是自然之道要告诉我们的。

在上述教学案例中，教师因势利导，引导学生带着疑问阅读课文，层层推进，让学生在阅读中不断探究、体验和感悟课文中的道理并获得启迪。学生在教师设置的问题的引导下，深入文本，细读课文，感悟自然之道。本案例中教师设置的探究体验活动最终上升到对人与自然关系的认识，让学生从中领悟人类要敬畏自然的价值观，课堂从而焕发出了生命的活力。试想，如果没有学生在课堂中的探究体验过程，教师直接宣讲食物链、自然生存法则等，课堂会因此失去生命的活力，学生的学习过程也会变得沉闷、无趣。

3. 交流体验

除了情境体验、探究体验外，学生体验课程的另一种方式便是交流体验。一方面，学生通过"活生生的体验"或"自我的精神体验"，对经验进行带有感情色彩的回味、反刍、体味，建构课程，实现课程对自己的意义关照和精神护持。另一方面，生生之间、师生之间的分享交流又能进一步拓展学生体验的意义空间。学生在自己产生体验的基础上与他人进行交流，分享自己已有的体验，并在这一过程中由于连续的思想碰撞而产生更多的体验，精神世界和生命意义得到进一步拓展与提升。以下呈现的是学生交流体验课程文本的教学片段。

《落花生》教学片段①

师：《落花生》这篇课文的主题思想我们刚刚进行了分析。围绕花生、桃子、石榴、苹果的描写，同学们还有什么想说的，各组成员交流一下。

（教师走下讲台巡视各小组的交流情况，笔者也走近了交流气氛较热烈的一组）

生1：大自然赋予花生、桃子、石榴和苹果不同的特点，但它们又有相同之处，如都能给人们提供营养。从这个意义上说，我们不能一味地批评桃子、石榴和苹果，赞美花生的品格并不意味着非要批评这三类水果。

（其他几个学生点头，一个学生补充道："苹果的味道酸酸甜甜的，我可喜欢了"）

生2：课文由赞美花生的品格上升到为人处世之道，即要做一个对他人和社会有贡献的人，不要光注重表面和形式，这是本文的主题，我明白作者的意思。桃子、石榴和苹果有着与生俱来的美丽外表，可以直接展示给世人看，就像生活中的明星一样。如果做人既有桃子、石榴和苹果的美貌，又有花生的高贵品格，那就完美了！

（几位同学观点类似）

师：你们都赞同这个看法吗？

生3（气愤）：不赞同。听你（生2）的意思，好像做一个像花生一样拥有高贵的品格是一种无奈的选择，事实并非如此。我在网上查阅了作者许地山的资料。许地山的父亲曾主动放弃在中国台湾光鲜的生活，抛弃全部家产，选择默默地回到大陆，做自己力所能及的事情。这篇课文的本意是作者追忆父亲的教诲，勉励自己要有花生一样的品格。

（教师表扬了这位同学查阅资料的做法）

生4：明白了，这篇课文实际上是作者描写小时候所受的家教，借"落花生"这个比方来说理——做人要脚踏实地，不求虚荣。

生5：我的理解可能和大家不太一样，我倒是觉得课文中的母亲的角色更像是"落花生"。课文围绕花生写了种花生、尝花生、议花生、思花生几个方面的内容。从种花生到收花生，作者的母亲都是辛勤劳作而无任

---

① 笔者整理的课堂教学片段。

何怨言；再到"我们"邀请父亲一起过花生收获节，尝花生、议花生，父亲借"花生"教育"我们"时，母亲默默地点点头。从整篇课文来看，母亲所具有的品质不正好是《落花生》所要赞颂的品质吗？

师：有道理，很有启发意义。

上述教学片段中，教师鼓励学生围绕课文中对花生、桃子、石榴和苹果的描写，以各自经验为基础，立足精神世界，对花生、桃子、石榴及苹果所蕴含的意义进行体验，并在此基础上敞开心扉交流，拓展了课程文本的意义空间。学生1的观点纠正了我们长久以来的一种片面的认识：赞美花生，就要批评桃子、石榴和苹果，将花生与桃子、石榴、苹果对立起来。这是一种简单的非此即彼的思维方式，应该摒弃。学生2基于花生、桃子、石榴及苹果各自的优势，大胆进行"自我的精神体验"，丰富和拓展了课程文本的意义，同时也给予其他同学新的精神养分。学生3另辟蹊径，查阅了文章作者的相关资料，结合自己的体验等去重构课程文本，是一种解构的理解取向，为丰富课程文本的意义提供了一个可能的视角。生生之间通过交流体验，彼此分享观点，最终大家对课程文本的理解更加深入，课程意义建构的空间进一步拓展，学生对世界的认识进一步深化。

需要说明的是，本章以"理解""建构""体验"几个关键词来解析意义建构的过程，将学生课程参与的课堂实现分成"学生对课程的理解——理解中建构""学生对课程的重构——建构中转化""学生体验课程——转化中提升"等三节内容加以阐释，更多的是基于学理层面的考虑。事实上，在课堂教学过程中，学生对课程的理解、建构和体验往往是交织在一起的，甚至是同时发生的；理解中建构、建构中转化、转化中提升等三个环节也是相对而言的，三者间没有绝对的界限。因此，我们在实践中要灵活把握好这三个环节之间的关系，切不可僵化、机械地处理。

第六章　对学生课程参与的反思与展望

课堂层面的学生课程参与的实质是一种意义建构，本研究在阐释学生课程参与理论的基础上，深度剖析了课堂中学生课程参与的三个层次，重点探讨了学生课程参与的课堂实现过程（亦即意义建构过程）。我们通过研究发现学生课程参与过程中还存在一些突出的问题，有待进一步研究和解决。

第一节　对学生课程参与的反思

一、对学生课程参与的课堂实现情况的检视

根据笔者对任课教师的访谈和课堂观察，笔者发现当前课堂中学生对课程的意义建构还存在一些突出的问题，现将其归纳如下。

（一）意义建构的有效性问题

学生课程参与的课堂实现过程应该是有效的意义建构过程，这一般体现在三个方面，即有效果、有效率、有效益。有效果主要指向活动结果和预期目标的吻合度；有效率则是重点指向活动结果与活动投入的关系；有效益则是有效性的最高表现，主要是指在保证效果和效率的基础上，实现整个系统的和谐、可持续发展（尤其是学生的全面发展），保证教学的整体效益。但我们通过调研发现，在课程实施过程中，学生对课程的理解和建构尚存在低效、无效甚至有负面效应的现象。

1. 意义建构局限于师生间简单的问答，缺乏深度

教师的适时启发与引导在学生意义建构过程中至关重要，而提问①是

---

① 一般而言，教师提出的问题可分为四种类型：一是判定类问题，旨在让学生对事物加以判定，代表性词语为"是不是""对不对"；二是描述类问题，旨在让学生对事物加以陈述和说明，代表性词语为"是什么""怎么样"；三是探索类问题，旨在让学生对事物的原因、规律等加以说明，代表性词语为"为什么""你能从中发现什么"；四是发散类问题，旨在让学生从多个角度去认识事物，典型问法为"除此之外还有哪些方法""你从中体会到了什么"等。

教师引导学生深入理解和建构课程的一种重要方式。但在课堂观察中我们发现，在一些课堂上，学生的意义建构局限于简单地回答教师提出的问题（且不说教师在提问时已经带有预设，无形之中对学生可能给出的答案做了预判和框限）。如果学生的意义建构只停留于对教师所提出的问题进行表层化的回应，缺乏深度思考和迁移整合，那么学生的意义建构就会有形式而无内容，有温度而无深度。

笔者听了一堂语文课。在课堂上，师生围绕把秋天的雨送给谁、秋天的雨里藏着的气味等问题展开了一系列对话，教学片段如下。

师：读了《秋天的雨》的课文片段，同学们感觉秋天的雨美不美啊？

生（齐声）：美！

师：如果你是秋天的雨，你愿意把自己送给谁呀？为什么？

生（约 10 名学生陆续回答）：高粱、玉米、石榴、苹果、香蕉、梨……

师：秋天的雨里还藏着什么气味？

生（7 名学生陆续回答）：哈密瓜的气味、葡萄的气味、菠萝的气味、香蕉的气味、橘子的气味……

《秋天的雨》是一篇充满着童真童趣的散文。通过对文章的学习，学生对秋天的热爱和赞美之情能被激发起来。案例中的学生们针对教师的提问，基于各自已有的知识和经验做出了不同的回答。在课堂上，很多学生抢着回答问题，课堂气氛活跃。但进一步审视学生们的答案后发现，学生们尽管在教师的引导下对课程文本进行了建构，但学生们的答案尚囿于课文的表层。在回答问题时，学生们对教师提出的"为什么"几乎都有意无意地回避了，导致课堂虽看似热闹，但缺乏"深度"，课文的意蕴没有在师生的问答中展现出来。

2. 意义建构中的"无中生有"

当课程的隐喻由"蓝本"转向"文本"之后，现代课堂教学超越了原有的"施工蓝图"的框限，倡导学生对课程文本大胆进行多元建构，但这绝不表明学生因此可以随心所欲、天马行空地建构，甚至是离谱地进行编造，即进行无中生有式建构。何谓无中生有式建构？李海林的《"无中生有式创造性阅读"批判》一文很具有启发性。该文将无中生有式创造性阅读的特征概括为：读者在进行创造性阅读时脱离课程文本的历史背景；读者对创造的理解有误，认为"创造"就是"反叛"，就是"对抗"；这种阅读普遍存在一种理论上的随意性；这种阅读很多时候表现出很强的游戏性特征。① 同理，无中生有式意义建构意味着学生对课程的建构存在偏差。

笔者在一所中学旁听了八年级语文上册《背影》一课。在课堂上，教师想做进一步拓展和延伸，在课堂结束前约 10 分钟，他让学生们谈谈对这篇课文中父亲的做法还有什么认识，结果"一石激起千层浪"。

生 1：从现代教育角度来看，文中这位父亲的教育方法存在问题，如此事无巨细、无微不至地关心孩子，什么事都放心不下，怎么能培养孩子的独立性呢？

（教师若有所思地轻轻点头）

生 2：文中的父亲细心、体贴，但似乎缺乏男人应该具备的粗犷、果断和有力量的特质。我感觉文中的父亲更像是母亲啊！

生 3：文中的父亲为儿子买橘子，擅自穿过铁道，这样可能造成火车无法正常行驶，破坏火车站的秩序，违反了交通规则……

（教师换了种站立的姿势，单手托腮，似乎陷入了思考）

生 4：从文中开篇处的文字可知，文中的父亲在遭受一连串的打击后，愈发认识到家庭和亲情的重要性，所以他才如此关爱自己的儿子。

师：这几位同学的认识的确与众不同。

朱自清的散文《背影》是我国现代散文史上的名篇，文章用质朴的语言描绘了父亲在车站送别儿子的场景，表现出父子之间浓浓的亲情。在教学过程中，这位教师想通过问题让学生发散思维，创生新的课程意义，但学生在对课程文本做进一步解读的过程中或断章取义，或牵强附会，或脱离实际、误读文本。无效的意义建构阻碍了教学目标的达成，使课堂参与流于形式。

3. 意义建构中的价值偏离

对课程文本的意义建构过程是建构主体通过特定的心智活动，建立课程文本与生活之间的联系的过程。由于学生的生活经历、知识积累、文化背景等存在较大差异，这就必然造成学生在认知风格、理解水平及取向上的差异，导致学生对课程文本的意义建构变得多元，甚至出现价值上的偏

① 李海林：《"无中生有式创造性阅读"批判》，《中学语文教学》2005 年第 1 期。

离。因此，做到学生的意义建构与教师的适时价值引领的协同推进就显得尤为重要。现代社会是一个价值多元、文化多元、思想多元、和而不同的社会，因时空转换和文化变迁，学生们在理解和建构课程的过程中有时难免会出现价值冲突或文化冲突，甚至出现价值偏离，教师对此感到担忧。①

（在经典的寓言故事《狐狸与乌鸦》一文中，狐狸用欺骗的手段获取利益。教师就"如何看待狐狸的这种行为"请学生们发表自己的看法）

生1：狐狸是非常狡猾的动物，但我不认为这里的狡猾是贬义词。狡猾是狐狸的天性，这有什么不好吗？我也希望自己能有狐狸这样的天性。

生2：狐狸很聪明，会想办法。乌鸦一开始还比较清醒，不搭理狐狸，但狐狸能根据现场情况，灵活改变应对策略，最终实现了自己的预期目标。

生3：我比较欣赏狐狸永不言弃的精神，生活中的挫折并没有让狐狸丧失追求目标的信念，它不屈不挠，最终实现了自己的目标。

《狐狸与乌鸦》一文的主旨是批判狐狸的狡猾。狐狸用谎言来欺骗乌鸦，以此来获得不正当的利益，这在生活中是一种典型的损人利己的行为。乌鸦是受害者，其有可怜的一面，它经不起花言巧语的迷惑，抵御花言巧语的能力不强。但上述案例中学生对课程文本的另类解读与寓言的立意背道而驰，原本受批判的对象及其价值导向反而成为被颂扬的对象，学生的课程文本建构活动发生了严重的价值偏离。此时，教师应该进行价值引领。教师首先要充分认识到保护学生个性化的解读不等于无视学生错误的解读。当学生的认知、价值观存在一定的偏差，或者完全偏离课程文本时，教师就得抓住教学时机，进行有效的价值引领，使学生树立正确的价值观，以达到育人的根本目的。

（二）合作建构时出现的有形无实的问题

课堂中的意义建构过程不仅仅是学生个体的建构过程，还是师生、生生之间合作建构的过程。所谓合作建构是指由多个主体围绕某一课程文本而展开的意义建构过程。这种建构方式，既肯定个人经验的独特价值，尊重个人理解的独特性，又合理吸收他人的观点，使不同个体在相互碰撞和启发中获得新的生长，实现视域融合。

---

① 笔者就"您觉得学生在理解教材（教学）内容时突出的问题有哪些"这个问题访谈了近30名中小学教师，结果发现，学生在理解课程文本时价值偏离问题较为突出，一些教师对此感到困惑并表现出深深的担忧。

我们通过课堂观察发现，课堂上师生或生生围绕课程文本开展的合作建构存在有形无实的问题，师生、生生之间的合作，尤其是生生之间的合作实际效果不理想。合作建构过程中存在的问题大体可概括为内涵不清、价值不大、时间不足、较为随意、缺乏指导等。如为合作而合作，合作流于形式；合作建构的主题本身价值不大，完全无合作的必要；学生们在合作研讨的过程中缺乏教师适时、适当的指导；合作的时间不长，学生难以有深层次的理解；等等。

笔者曾在一个班级旁听了一堂语文课，学生们通读完《福楼拜家的星期天》这篇课文后，教师要求学生们以小组合作的形式讨论福楼拜家几位客人的外貌、行为举止等，时间为 8 分钟。事实上，有关几位客人的外貌、行为举止等描写在文中很容易找到，学生们很快便完成了任务。在剩下的时间里，有的学生闲着无事，望着窗外；有的学生在发呆；有几个学生在窃窃私语（笔者有意识地靠近一些，听到他们在谈论一款"极品飞车"的游戏）。其间，教师在教室里走来走去，但没有给予实质性的指导或参与讨论。研讨时间一到，教师让各小组代表汇报研讨的结果，学生们将课文中的相关内容读了一遍，教师给予表扬，至此，合作建构环节结束。

上述案例暴露出课堂中合作建构的若干问题。第一，教师对研讨的主题缺乏精心设计，没有想清楚让学生研讨这部分内容的目的是什么。从这篇课文的主旨来看，案例中的教师就上述几个方面让学生们合作研讨，有为合作而合作的嫌疑，意图不明确。第二，文中有关几位客人的外貌、行为举止的描写清楚明确，学生们仅仅在课文中圈出这些文字似乎就算是完成了任务，他们对于作者试图通过这些细节突出什么主题缺乏深层次的理解，使合作研讨囿于文本的表层。第三，在学生合作建构的过程中，尽管教师有在教室中走动，但其对于合作的方向缺乏引导，对学生合作的过程缺少监管，这就导致了部分学生早早偏离了研讨的主题，部分学生无所事事。

除了生生合作建构存在诸多问题外，课堂中师生围绕课程文本开展合作建构也存在有形无实的问题。部分教师在合作建构中占据绝对主导的地位，学生发挥的空间不大，导致学生缺乏主动参与的热情；师生合作建构多以问答形式开展，缺少对课程文本深层次、多角度的挖掘；师生合作建构较为随意、时机把握不准；等等。

（三）意义建构的限度问题

当我们对意义建构的有效性问题做进一步思考，便发现了另外一个值得注意的问题——意义建构的限度问题。事实上，前文所述的意义建构的无中生有和意义建构的价值偏离已经涉及意义建构的限度问题。

学生在进行意义建构时不能随心所欲、漫无目的，学生必须围绕一定的主题对课程文本进行创造性理解和深层次把握。学生对课程文本的理解和建构存在着"界线"，导致学生在意义建构的过程中"越界"的原因是复杂的。

其一，学生误读了课程文本。正如哲学解释学所认为的，不同的读者会因为他们不同的前理解而对同一课程文本有不同的解读，因而对课程文本意义的误解乃至争论是永远不可能避免和从根本上消除的。如在前文提及的《背影》一文的课堂教学中，还有一个教学片段是教师引导学生讨论作者为什么如此详细地描写父亲爬月台时的背影和动作，有学生认为："作者描写这些方面是为了与前面提到的'父亲是个胖子'相呼应，表现父亲的臃肿和笨拙。"这个学生把个别语句从整体中剥离出来解读，脱离了整篇文章的语境，是一种误读。

其二，学生任意解读课程文本，即学生基于已有的知识和经验，脱离特定的时代背景或课程文本主题，天马行空地解读课程文本。尽管课程文本的潜在结构允许学习者参与创造，解读其意义，但它不允许学习者任意创造，理解课程文本的意义必须从课程文本本身出发，不能漠视课程文本。有关学生对课程文本的任意建构的问题前文已述，这里就不再赘言。

在学生建构课程的过程，难免会出现形形色色的问题，本研究将其中比较突出的问题归结为意义建构的有效性问题、合作建构的有形无实问题、意义建构的限度问题等几个方面。解决好这些问题对推动学生顺利完成意义建构至关重要，为此，教师要引导学生，适时进行点拨、价值引领等，在充分尊重学生的基础上，引导学生在一定的界限内实现对既定课程的意义建构。

二、学生课程参与的深层张力

在课程发展中，学生一度处于边缘位置，这造成课程发展中"见物不见人"的现象长期存在。反观学生与课程发展的关系，我们可强烈地感受到有几股张力在影响着学生的课程参与，具体表现在学生与知识、学生与社会、学生与成人这三对关系上。

（一）学生与知识

受西方认识论的影响，学生与知识之间的关系长期以来被定位为认识者和被认识的对象之间的关系。作为被认识的对象，知识通常是作为一种外在的客观之物存在的，其最基本的价值就是被学生认识和掌握，继而促进学生各种能力的发展。此时，作为被认识对象的知识充其量只是一种工具而已。作为认识者，学生的基本任务就是以占有的方式获取知识，提升自己认识世界和改造世界的能力和水平。总之，认识论视野下学生与知识的关系比较单一，不管是知识还是学生都被工具化了，知识对学生所能产生的意义护持和价值关照功能被严重遮蔽。

学生与知识之间的这种工具关系在夸美纽斯（J. A. Comenius）的《大教学论》中就已出现，该书扉页上的"把一切知识教给一切人"的宏愿是全书的基调。19 世纪初，赫尔巴特（J. F. Herbart）主张的四段教学法，从教学实践层面进一步强化了这种认识论。后来布鲁纳的结构课程理论、瓦根舍因（M. Wagenschein）的范例教学法、布卢姆的学习理论等，都自觉或不自觉地把学生与知识之间的关系定位为一种认识关系，都是在这个大的框架中考虑如何让学生有效地掌握知识的。[①] 就我国的教育实践来说，在相当长的时期内，受凯洛夫教育学的影响，学生与知识的关系也完全被定位为认识关系。学生与知识的主客二元存在样态造成了两者之间一股强大的张力，这种张力进而影响到学生与课程的关系，制约着学生的课程参与状态。

如果从知识社会学的角度来审视知识与学生之间的关系，则这两者间还存在另一股张力，即作为法定的、制度性的课程知识与学生的个体经验之间的矛盾。"作为一种系统化、组织化和符号化的人类经验，知识天然地具有一种认识论意义上的'优先性'或'霸权'，对丰富的、生动的和具体的个体经验产生一种排斥和压抑作用。"[②] 就学校课程而言，能够进入课程的都是一些法定的制度性知识，即被社会认定为具有普遍的教育价值、在课程与教学中具有优先性的知识。个体经验常被边缘化，没有获得合法的身份，而合法化的课程知识以其霸权地位对个体经验进行排斥，个体从根本上失去了自由思考的机会，因为自由地思考总是依赖于个体独特的经验[③]。

（二）学生与社会

学生与社会的关系在教育史上一直受到关注，两者之间此消彼长的地

---

① 李召存：《课程知识的意义性研究——生存论的视角》，华东师范大学学位论文，2007，第 40 页。

② 石中英：《教育哲学导论》，北京，北京师范大学出版社，2004，2 版，第 144 页。

③ 杨莉君：《创造教育障碍研究》，湖南师范大学学位论文，2004，第 80 页。

位变化推动着教育的发展。在现代课程领域，学习者中心课程理论和社会中心课程理论因立场不同，两者长期论争。

学习者中心课程理论①是在进步主义教育传统的基础上建立起来的，是对传统的知识中心课程理论的反叛。学习者中心课程理论在杜威的教育思想体系中对应的就是儿童中心课程理论，后者是建立在杜威的实用主义经验论基础上的，强调课程的开发与组织应该以儿童的经验、活动为中心。因此，学习者中心课程理论又有经验课程理论或活动课程理论之称。相对于知识中心课程理论而言，学习者中心课程理论的最大特色在于充分彰显学习者的主体性，强调基于学习者的经验、需要及其兴趣等来开发课程。凡事皆有两面性，学习者中心课程理论作为一个课程流派，一方面其有进步之处，另一方面其也存在忽略学生对系统知识的学习，弱化教师在教育活动中的指导作用等"短板"。

社会中心课程理论和学习者中心课程理论是两种课程思想。社会中心课程理论②又被称为社会改造主义课程理论，其倡导课程开发与组织应以重大社会问题为中心。该理论强调教育的社会价值，把促进社会发展视为教育的根本价值。为此，它认为学校的教育教学活动都应围绕促进社会发展这个核心任务来展开，课程被其视为一种工具性存在。该理论主张，学校的课程建设应立足于社会政治、经济和文化发展的现实需求，须围绕社会重大或焦点问题来选择和组织课程内容；学生学习课程时应密切联系社会实际，深入社会生活。社会中心课程理论强调社会因素在课程发展中的重要价值木无可厚非，但过于强调甚至夸大社会这个因素的作用就走向了极端，如此一来，学生的主体性被忽视，学生的声音被屏蔽。该理论与知识中心课程理论本质上一样，都是"见物不见人"。

应辩证地看待学习者中心课程理论与社会中心课程理论，片面地强调

---

① 学习者中心课程理论的基本主张有：（1）批评知识中心课程理论囿于刻板的书本知识，与学习者的经验和生活脱节，与社会现实脱节。主张以学习者的兴趣、需要、经验、活动为中心来编制课程。（2）在课程开发上，重视学习者的本能、冲动和兴趣，并把学习者现有的经验作为课程开发的起点。（3）在课程组织上，以学习者的兴趣和经验为中心，设计各种生活化的学习情境，让学习者主动建构自己的知识。（4）要求以学习者的活动代替各门学科的教学活动，以学习者的直接经验而不是学科知识作为课程内容。

② 社会中心课程理论的基本主张有：（1）在课程目标上，主张培养学生的批判精神和改造社会现实的技能，认为课程目标要和理想社会的总目标相统一，各门学科的内容统一于社会改造，课程安排统一于解决问题的活动。（2）在课程内容上，主张课程没有统一的内容，以广泛的社会问题为中心。（3）在课程组织上，主张应以解决实际的社会问题的逻辑而不是以学科知识的逻辑为主线来组织课程。（4）在学习方式上，主张尽可能让学生参与社会生活，提高学生适应社会生活的能力。

任何一方都有失客观。课程领域长期存在的两种课程理论派别之间针锋相对的争论，反映了学生与社会从一开始就保持着一定的距离，这种距离造成两者之间的张力，让学生的课程主体身份时隐时现，在根本上制约着学生的课程参与。

（三）学生与成人

赫尔巴特认为，儿童处于未成熟状态，其是介于婴幼儿与成人之间的"半社会成员"。因儿童与成人思维方式、行为方式等存在较大差异，以至于在生活世界中形成了风格迥异的儿童文化和成人文化。

儿童文化与成人文化既有和谐共生的一面，又有冲突对抗的一面，但在多数情况下，因两种文化的差异较大，冲突对抗的一面表现得更为明显。儿童文化"是一种以儿童自己的思想和行为来决定其价值和标准的文化，……成人文化则是建立在成年人规定的价值、理念和标准之上的……文化。……它们标准不同，……当它们相遇时，冲突是不可避免的"[1]。因冲突双方力量悬殊，双方文化上的冲突一定程度上就演变为强势文化对弱势文化的侵压。在现实中，成人文化占据绝对优势，它压倒性地制约着儿童文化。教育和生活中充斥着成人的支配性话语，学生作为潜在受益者常常处于被支配地位，只需要默默地接受成人的精心安排即可。教育世界里充斥着成人对儿童的控制，儿童丰富多彩的生命世界失去了应有的活力和色彩。一些成人甚至还试图用更机巧的手段去钳制儿童的心灵，从某种意义上说，成人文化具有反儿童文化的意味。杜威曾深刻地指出："我们往往把未成熟状态只是当作缺乏，把生长当作填补未成熟的人和成熟的人之间的空缺的东西，这种倾向是由于用比较的观点看待儿童期，而不是用内在的观点看待儿童期。"[2] 具言之，成人通常将自己设定为儿童成长的模板，然后自觉地或不自觉地用成人的标准去审视儿童，忽略儿童生命世界的非预期性、丰富性和多样性等特质，对儿童"不完善"的发展品头论足，此时儿童的许多宝贵特质就只具有审美价值，而没有现实的用途。

受儿童文化与成人文化二元对立的影响，儿童与成人之间形成了一道"人工"屏障，儿童与成人似乎分处成长的两端，知识和经验的传递严格遵循自上而下的次序，课程是成人预先设定好的既定材料，教学沦为简单的"授受活动"。而反观儿童一端，尽管其在与成人交往过程中时常处于

---

① 边霞：《儿童文化与成人文化》，《学前教育研究》2001 年第 3 期。

② 〔美〕约翰·杜威：《民主主义与教育》，王承绪译，北京，人民教育出版社，2001，2 版，第 49 页。

被支配地位，但这并不表明儿童完全是被动的，他们会基于自身特有的思维方式、行为方式与成人互动，这样儿童与成人之间就形成了一股相互牵制的作用力，构成了学生课程参与的内在张力。

第二节　基于学生参与的课程发展愿景

"愿景"一词在《现代汉语词典》中的含义是"所向往的前景"①。课程愿景是人们在对当前课程发展情况的了解和观察，对现实问题进行探究与改善的基础上，对课程发展前景的描绘。有研究者勾画了我国的课程愿景，包括人文愿景、文化愿景、社会愿景、国家愿景和生态愿景②等五个方面。本研究立足意义建构的视域，深度探讨了学生课程参与的本质、基础、结构、层次及课堂实现过程，对基于学生参与的课程发展的前景和趋势做如下研判：学生与课程关系的重塑——走向学生与课程的互融共生；"课程共有"图景的显现——走向课程权力的多级分享；课程实践的转向——走向参与式课程实践。

一、学生与课程关系的重塑——走向学生与课程的互融共生

学生、知识和社会是考察课程时要考虑的三个重要变量。长期以来，学生与课程的关系一直是课程研究的焦点。对两者之间的关系始终存在两种对立的观点：一种观点强调学科逻辑，把注意力集中在教材上，主张教材比学生的经验更加重要。这种主张之下的课程完全是凌驾于学生之上的"他物"，造成课程发展"目中无人"。另一种观点则力主学生是起点，是中心，而且是目的。就学生的成长来说，一切学科只是处于从属的地位，其价值的大小取决于其满足学生的各种成长需要的程度的高低。③ 当学生的心理逻辑被一味地强调后，又难免会导致学生凌驾于课程之上。学生的心理逻辑和课程的学科逻辑之间的鸿沟在杜威那里得到了初步的跨越。时至今日，随着人的主体性愈加彰显，课程观、知识观及文化观的转向，催生新的学生与课程关系的春天已经来临。重塑后的学生与课程的关系将超

---

① 中国社会科学院语言研究所词典编辑室：《现代汉语词典》，北京，商务印书馆，2016，7 版，第 1616 页。
② 余小茅：《论我国的课程愿景》，《教育发展研究》2006 年第 23 期。
③ 〔美〕约翰·杜威：《学校与社会·明日之学校》，赵祥麟、任钟印、吴志宏译，北京，人民教育出版社，2005，2 版，第 114 页。

越二元对立的局面，走向学生与课程的互融共生。具言之，强调学生与课程的关系是事实关系与意义关系的统一；强调学生是课程的主体，是课程的组织者和参与者，课程因学生而富有生机和活力；学生的知识、经验等是课程的重要来源，课程意义是经由学生进行创造性实践活动而建构起来的。

走向学生与课程的互融共生，既是对"以人为本"的时代诉求的回应，又是对"课程即经验"课程观的彰显。一方面，"以人为本"是当今时代发展的主旋律，体现在教育中就是以学生为本，充分尊重学生的人格，将学生置于教育中不可动摇的主体地位。具体到课程发展，就是让学生作为一个真实的人在课程知识（内容）的领悟、知识生成方式的选择、课程评价手段的调控等方面成为主体，让学生真正感受到作为一个独特的人与课程知识相遇时的美好。[1] 学生课程参与彰显了学生在课程发展、变革中应有的主体身份，重塑了学生与课程的关系。另一方面，学生课程参与秉持"课程即经验"的课程观，昭示着学生与课程关系的重建。"课程即经验"是杜威经验课程论中的重要命题，是教育即儿童经验的不断改组和改造的思想在课程中的体现。这一课程观主张教育是学生通过主动活动，与外部环境之间连续互动来获得各种直接经验的过程，关注学生个体的体验和感受及其在经验获取中的重要性。这种思想渗透到课程实施层面，即强调学生带着已有的知识、经验与课程进行交互作用，课程作用于学生，学生建构课程。如此一来，"课程成为师生共同创生意义的资源和材料。教师与学生摆脱被知识奴役的处境，面对课程知识获得了某种尊严和言说的权力"[2]。原本对立着的学科逻辑和心理逻辑之间的矛盾被消解，促成了学生与课程的互融共生，重塑了学生与课程的关系。

在促进学生与课程互融共生的策略方面，我们有以下建议：增强学生的课程意识，如尊重学生作为课程主体的身份，增强其课程创生意识等；在课程目标上，兼顾学生发展和社会发展，尤其是强调通过课程促进学生全面发展；在课程内容上，主张"课程即学习经验"，强调学生对课程的理解和体验；在课程实施上，倡导学生的参与，让学生在课程实施中有充分的表现主体性的机会；在课程评价上，提倡发展性评价，强调被评价者对评价过程的主动参与。

---

[1] 余小茅：《论我国的课程愿景》，《教育发展研究》2006年第23期。

[2] 钟启泉、崔允漷：《新课程的理念与创新——师范生读本》，北京，高等教育出版社，2003，第12页。

二、"课程共有"图景的显现——走向课程权力的多级分享

学生参与课程发展必然会引发"课程共有"图景的出现。"课程共有"是课程政策研究中一个重要的概念,学者胡东芳将其含义归纳为三个方面:第一,它是课程权力分配的一种理想状态,即国家、地方以及学校等课程权力主体都能够拥有明确的课程权力并保持一定的张力;第二,它是一种超越论的课程政策价值观,即超越"统一论""适应论""特色论"的课程政策价值观;第三,它是课程政策制定所遵循的一种新模式——共有模式,即让各方都能充分地交流和参与的"水漏型"模式。① 在课程发展和变革的语境中,"课程共有"强调中央、地方、学校等共同拥有一定的课程权力,并力求将各方的力量凝聚起来以形成一种合力,从而推动课程改革的良性发展。②

课程权力的多级分享既是现代民主的必然要求,也是课程管理制度变革的内在规定。一方面,伴随着现代社会民主化进程的加快,教育民主化理念已渗透到课程领域,表现之一便是课程决策民主化。自 20 世纪 80 年代以来,课程决策主体多元化成为一种趋势,其实质在于课程权力分享以及与之相应的责任分担。具言之,原本由国家控制的课程决策已发生重大变化,地方、学校、校长、教师、学生、家长等权力主体共同参与课程决策,课程决策由国家主导变成多元权力主体共商。另一方面,走向课程权力多级分享是我国课程管理制度变革的内在要求。1999 年颁布的《关于深化教育改革全面推进素质教育的决定》明确提出试行国家课程、地方课程和学校课程三级课程制度,新世纪初开始的基础教育课程改革更是进一步明确和强化了该制度。三级课程制度为地方和学校提供了课程管理的制度空间,地方和学校因此分享了一定的课程权力,成为课程管理权力体系中合法的权力主体。尤其是学校获得了课程权力,客观上为学生的课程参与(即作为课程主体的学生分享和行使一定的课程权力)提供了制度空间。

实现课程权力多级分享的方式是参与,"课程共有"政策下形成的合理的课程权力分配图景为学生的课程参与提供了保障。并且,多元权力主体之间相互制衡,从而达到一种动态的平衡,这是在社会范围内形成课程认同及课程参与意识的重要保证。"课程共有"图景下的学生以合法的过

---

① 胡东芳:《论"课程共有"——对中国特色课程政策模式的探索》,《教育研究》2002 年第 8 期。

② 胡东芳:《课程共有:一种新的课程权力分配方式》,《当代教育科学》2004 年第 6 期。

缘性参与者身份参与课程决策，以主体的身份参与课程实施，以合作者的身份参与校本课程开发等课程事务，行使自己的课程权力。

为了实现课程权力多级分享的"课程共有"图景，建议做到以下几点。第一，加强课程政策的顶层设计，明确三级课程管理中三类权力主体的课程权力分担机制，廓清三方课程权力的边界。第二，创造条件，激活地方和学校的主体性，促进其实质性地参与课程发展和变革。第三，加强课程利益者的课程权力的行使，尤其是要重视教师与学生作为课程主体参与课程决策、课程领导、课程开发与实施的权力。

三、课程实践的转向——走向参与式课程实践

参与式课程实践是对接受式课程实践的超越，它突破了僵化的"授受"模式的课程实践，凸显了课程实践中理解和参与的重要性。在参与式课程实践语境中，课程成为师生在具体情境中随着教学过程的展开而不断生成的充满意义的"文本"；学生不再充当"容器"和"客体"，转而成为课程实践的真正主体，自愿、主动地介入课程实践过程。

课程实践的转向是随着 20 世纪 70 年代以来教育研究范式的转向而发生的。20 世纪 70 年代后，教育研究从探究规律的范式转向追寻意义的范式，其中课程理论研究由开发范式转向了理解范式，课程实践随之由接受式课程实践转向了参与式课程实践。进言之，这一时期的实践课程论者、过程课程论者等对传统课程理论进行了猛烈的抨击，尤其是随着概念重建主义课程理论的强势崛起，以泰勒的课程论为代表的传统课程理论的主导地位受到冲击，课程理论研究也因此发生了重大的范式转换。这在课程实践领域引起了强烈的震荡，伴随着学生由缺席的受益者到主体的变化，传统的接受式课程实践开始式微，参与式课程实践焕发出勃勃生机。接受式课程实践折射的课程观强调课程的预设性，把课程实践理解为传授书本知识的过程，视教师是课程的忠实执行者，学生则是被动的接受者，充当接收课程内容的"容器"。在单向的授受关系里，学生作为课程主体的身份被严重遮蔽，他们在课程目标的拟定、课程内容的选择以及课程实施和评价等方面几乎没有任何发言权。有研究者指出，在传统的课程实践中，学生是授课对象，是客体，这种主客二分的思维严重损伤了学生学习的主体性和参与课程实践的积极性，致使学生学习方式单一，对课程内容不感兴趣。① 而参与式课程实践颠覆了传统的课程实践的课程观，恢复了师生在

---

① 杨明全：《参与式课程实践：课堂情境中的课程变革》，《比较教育研究》2004 年第 9 期。

课程实践中的主体地位，参与、建构、生成等词语成为主导课程实践的主流词语。

在我国，参与式课程实践在基础教育课程改革中进一步得到彰显。进入 21 世纪以来，我国基础教育课程改革在目标设计及实施过程等多个层面都体现出参与式课程实践的走向。在课程目标层面，《基础教育课程改革纲要（试行）》明确规定，"改变课程过于注重知识传授的倾向，强调形成积极主动的学习态度"，"改变课程实施过于强调接受学习、死记硬背、机械训练的现状，倡导学生主动参与、乐于探究、勤于动手"。在课程实施或课堂教学层面，倡导创生取向的课程实施观，强调教师和学生在课程变革中的主体性和创造性，注重教师和学生在课程实施中联合参与，在具体的教育情境中创生新的教育经验。该取向强调作为课程实施主体的教师和学生的个性自由和解放，强调主体意识，特别注重课程实施过程中的意义诠释与价值认同等。

课堂中参与式课程实践的主要实现方式是理解和参与，既包括教师的课程理解和参与，也包括学生的课程理解和参与，二者共同构成课堂层面的参与式课程实践。在走向参与式课程实践的策略方面，我们有如下建议。第一，更新知识观，逐步消解知识的客观性、普遍性等现代性特质，重视知识的主观性、境遇性和建构性等后现代特质，为师生参与课程实践提供思想基础。第二，转变课程观，视课程为教师、学生在特定实践情境中互动、生成课程意义的文本。如此，师生的参与才能成为必不可少的元素。第三，在课程发展中进一步解放教师和学生，给师生赋权，打破防教师和防学习者的局面，让教师和学生从旁观者转变为当事人，以课程主体的身份介入课程实践。第四，增强师生的课程主体意识和创生意识等，明晰教师和学生在课程发展中的权责。此外，就学生参与课程实践而言，还应转变学生学习方式，提倡自主、合作和探究式学习，并通过学习方式的转变来推动学生培养方式和教育发展方式的变革。

结　　语

学生课程参与问题在课程领域是一个长期被忽视的问题，学生的课程主体身份长期被淡化甚至漠视。学生的课程参与是实现课堂教学深刻变革和确立学生学习主体地位的重要途径，解决好这一问题，将有利于推进学习方式、培养方式和教育发展方式的变革。随着时代进步、社会民主进程的加快以及教育改革的深化，学生参与学校事务的机会大大增加，学生课程参与也被提到议事日程上。本研究尝试揭示课堂中学生课程参与的本质，探究学生课程参与的理论基础，解析学生建构课程的具体过程。本研究在论题选择、研究立场、研究视角及研究方法上有一定的新意，在具体研究内容上也有一定的贡献，但限于笔者的水平，本研究还存在不足。

本研究的新意体现在如下方面。

第一，在论题选择上实现了学生课程参与由话题到问题的转化。学生的声音在课程发展中长期被遮蔽，课程领域与之有关的理论研究和实践研究都非常薄弱，国内的研究则更为缺乏。学术界更多的是将学生课程参与当作话题来讨论，没有真正将其具化为问题。笔者选择这一选题加以研究，试图弥补这方面研究的不足。

第二，在研究立场上，以往的研究多囿于"课程要适应儿童身心发展的基本规律，为儿童发展服务"的课程观，本研究立足于课程研究范式的转换及课程观的转变，倡导学生要积极、主动参与课程的建构，促进学生的成长和课程意义的创生的课程观，从理论上论证学生课程参与的合理性，在实践层面探讨学生如何进行课程参与，实现学生与课程的互融共生。

第三，在研究视角上，以往有关课堂中学生参与问题的研究主要是从教学论的视角切入，问题的落脚点多集中于"教"上，即如何激发学生的主体性，让其更好地参与教师组织的教学活动，而从课程论的角度来阐述学生参与问题的研究很少。本研究从课程论视角切入，将重心放在学生的"学"上，探讨课堂中学生如何参与课程发展，以课程主体的身份建构课程。

第四，在研究方法上，本研究根据研究内容的需要，主要采用了在社会科学研究中越来越受关注的质性研究方法，如观察法、访谈法等，对课堂情境中学生课程参与的过程进行了深入的研究。

本研究在具体研究内容上的贡献如下。

第一，揭示了课堂中学生课程参与的本质是进行意义建构。本研究指出课堂中学生课程参与的重心主要落在参与课程实施上。从哲学解释学的视角来看，课程实施是一种理解、对话和意义建构的过程，因此，学生参与课程实施的过程也就是学生理解课程文本并与之对话，实现意义建构的过程。

第二，创造性地将课堂中学生课程参与的内容划分为三个层次。本研究借鉴古德莱德课程层次理论的分析框架，将课堂中学生课程参与的内容划分为正式课程层面、师构课程层面和体验课程层面，并对每一个层次的课程的知识规定、文本表征、学生课程参与及影响因素进行了阐释。

第三，剖析了课堂中学生进行意义建构的内在机制。本研究发现，是问题驱动了学生意义建构活动的发生；意义建构是学生基于已有的知识、经验，通过同化和顺应两种心理机制实现的；因为知识是社会实践活动的产物，所以意义建构还需通过主体间的协商来实现。

第四，尝试描绘学生与课程的关系的新图景。学生与课程长期以来处于二元对立的状态，本研究超越了这种二元论，打破课程单向适应和服务于学生的模式化图景，提出学生与课程互融共生的观点，努力描绘学生与课程关系的新图景。

本研究的不足之处及后续研究有待进一步探讨的问题包括以下几点。

本研究的不足之处主要表现为以下几点。一是将课堂中学生课程参与划分为正式课程、师构课程和体验课程三个层次，但对这三个层次的关系的理解还不够清晰，对学生参与这三个层次的课程的影响因素的分析还不够透彻。二是对课堂中学生课程参与方式的分析尚囿于"应然"层面。

本研究中尚有一些问题有待进一步深入探讨：一是关于意义建构的有效性问题。本研究只是通过课堂观察及案例分析等方法对这个问题加以研究，希望今后能有机会运用其他研究方法深入探讨意义建构的有效性问题。二是关于意义建构的机制问题。本研究揭示了学生进行意义建构的内在机制，但对于意义建构的外在机制以及内外机制如何协调等问题没有进行研究。

参 考 文 献

〔奥〕阿尔弗雷德·许茨：《社会世界的意义建构：理解的社会学引论》，霍桂桓译，北京，北京师范大学出版社，2017。

〔加〕马克斯·范梅南：《生活体验研究——人文科学视野中的教育学》，宋广文等译，北京，教育科学出版社，2003。

〔加〕迈克尔·富兰：《变革的力量——透视教育改革》，中央教育科学研究所、加拿大多伦多国际学院组织翻译，北京，教育科学出版社，2004。

〔美〕爱莉诺·达克沃斯：《"多多益善"——倾听学习者解释》，张华、仲建维、宋时春译，北京，高等教育出版社，2004。

〔美〕莱斯利·P.斯特弗、〔美〕杰里·盖尔：《教育中的建构主义》，高文、徐斌艳、程可拉等译，上海，华东师范大学出版社，2002。

〔美〕帕特丽夏·F.卡利尼：《让学生强壮起来——关于儿童、学校和标准的不同观点》，张华等译，北京，高等教育出版社，2005。

〔美〕小威廉姆·E.多尔、〔澳〕诺尔·高夫：《课程愿景》，张文军、张华、余洁、王红宇译，北京，教育科学出版社，2004。

〔美〕亚瑟·K.埃利斯：《课程理论及其实践范例》，张文军译，北京，教育科学出版社，2005。

〔美〕约翰·D.布兰思福特、安·L.布朗、罗德尼·R.科金等：《人是如何学习的：大脑、心理、经验及学校》（扩展版），程可拉、孙亚玲、王旭卿译，上海，华东师范大学出版社，2013。

鲍道宏：《课程理解：制度与文化"新基点"》，南京，江苏教育出版社，2011。

陈丽华：《哲学解释学视角下学生与课程的关系》，《教育理论与实践》2012年第13期。

陈莲丽：《学生有效参与课堂活动研究》，成都，西南交通大学出版社，2013。

陈晓端、郝文武：《西方教育哲学流派课程与教学思想》，北京，中国轻工业出版社，2008。

陈振华：《教育知识建构论》，太原，山西教育出版社，2010。

范建华、陈凌钧、蒋辉炳：《走向成功发展——教师主导与学生主体的实践生成》，杭州，浙江大学出版社，2014。

高慎英：《体验学习论：论学习方式的变革及其知识假设》，桂林，广西师范大学出版社，2008。

靳玉乐：《探寻课程世界的意义：课程理论的建构与课程实践的慎思》，北京，北京师范大学出版社，2014。

孔企平：《数学教学过程中的学生参与》，上海，华东师范大学出版社，2003。

李香玲：《课程理解研究：回顾与展望》，《上海教育科研》2012 年第10 期。

罗祖兵：《课堂境遇与教学生成》，北京，人民教育出版社，2012。

石中英：《知识转型与教育改革》，北京，教育科学出版社，2001。

王道俊、郭文安：《主体教育论》，北京，人民教育出版社，2005。

魏善春：《基于过程哲学的课程建构：理念、价值与实施》，《南京师大学报（社会科学版）》2016 年第3 期。

徐继存：《课程理解的意义之维》，《教育研究》2012 年第12 期。

杨道宇：《课程理解的客观性立场》，《教育理论与实践》2015 年第1 期。

张建伟、孙燕青：《建构性学习——学习科学的整合性探索》，上海，上海教育出版社，2005。

张良：《课程知识观研究——从表征主义到生成主义》，重庆，西南师范大学出版社，2017。

张文军：《后现代课程意识与课程建构》，杭州，浙江大学出版社，2016。

郑太年：《学校学习的反思与重构——知识意义的视角》，上海，上海教育出版社，2006。

索　引

后　记

本书是我在博士学位论文的基础上修改而成的，其凝结了很多人的心血。在此，我要感谢我的博士生导师靳玉乐教授。在我确定博士学位论文的选题、拟定提纲、进行研究和撰写博士学位论文的过程中，先生付出了大量时间和心血。先生平易谦和，对我以鼓励和肯定为主；先生敏锐的学术思维、开阔的研究视野和宽厚的人格常常感染我。我的博士学位论文提纲几经变更，先生不厌其烦地给予指导让我感动；在我对该选题进行研究，感觉"山穷水尽"之时，是先生的鼓励给了我继续前进的信心和勇气。此外，我要感谢在我攻读博士学位期间，我的另一位导师吕达研究员。吕老师非常关心我的博士学位论文的进展情况，他曾给予我许多无私的指导，在我写完博士学位论文初稿后，远在美国出差的他抽空审阅全文并提出了宝贵的修改建议，对此我不胜感激！

本书能够出版，也得益于全国哲学社会科学规划办公室的资助，在此深表感谢！我清楚地记得，全国哲学社会科学规划办公室邀请的评审专家在该项目的立项评审意见中写道："学生参与课程发展是实现课堂教学深刻变革和确立学生学习主体地位的重要表征，解决好这一问题，将切实推进学生学习方式、培养方式和发展方式的根本变革。"我深知这句话的分量，我在修改完善书稿的过程中也一直在朝这个方向努力。但因本人水平有限，书中难免有不足之处，敬请读者批评指正。

吴支奎

出 版 人　李　东

责任编辑　张玉荣

版式设计　孙欢欢

责任校对　贾静芳

责任印制　叶小峰

图书在版编目（CIP）数据

意义建构视域下的学生课程参与研究／吴支奎著 . —
北京：教育科学出版社，2021.8
　ISBN 978-7-5191-2443-4

　　Ⅰ.①意…　Ⅱ.①吴…　Ⅲ.①参与式教学—教学研究
Ⅳ.①G426

　　中国版本图书馆 CIP 数据核字（2021）第 152971 号

意义建构视域下的学生课程参与研究
YIYI JIANGOU SHIYU XIA DE XUESHENG KECHENG CANYU YANJIU

出 版 发 行　教育科学出版社

社　　　　址　北京·朝阳区安慧北里安园甲 9 号　　邮　　　编　100101

总编室电话　010 - 64981290　　　　　　　　　　编辑部电话　010 - 64989421

出版部电话　010 - 64989487　　　　　　　　　　市场部电话　010 - 64989009

传　　　　真　010 - 64891796　　　　　　　　　　网　　　址　http：//www.esph.com.cn

经　　　　销　各地新华书店

制　　　　作　北京京久科创文化有限公司

印　　　　刷　唐山玺诚印务有限公司

开　　　　本　890 毫米×1240 毫米　1/16　　　　　版　　　次　2021 年 8 月第 1 版

印　　　　张　11.75　　　　　　　　　　　　　　　印　　　次　2021 年 8 月第 1 次印刷

字　　　　数　191 千　　　　　　　　　　　　　　定　　　价　35.00 元

图书出现印装质量问题，本社负责调换。